Sexo
e segredos dos casais felizes

CB052995

Cláudya Toledo

Sexo
e segredos dos casais felizes

São Paulo

Copyright © 2009 Cláudya Toledo

Todos os direitos reservados. Nenhuma parte desta edição pode ser utilizada ou reproduzida – em qualquer meio ou forma, seja mecânico ou eletrônico –, nem apropriada ou estocada em sistema de banco de dados sem a expressa autorização da editora.

O texto deste livro foi fixado conforme o acordo ortográfico vigente no Brasil desde 1º de janeiro de 2009.

PRODUÇÃO EDITORIAL:
Editora Alaúde

1ª edição, 2009 / 1ª reimpressão, 2011

Dados Internacionais de Catalogação na Publicação (CIP)
(Câmara Brasileira do Livro, SP, Brasil)

Toledo, Cláudya
    Sexo e segredos dos casais felizes / Cláudya Toledo. -- São Paulo : Alaúde Editorial, 2009.

    ISBN: 978-85-7881-024-5

    1. Casais - Aspectos sexuais 2. Homem-mulher - Relacionamento 3. Intimidade (Psicologia) - Desejo sexual 4. Sexo no casamento I. Título.

09-11319   CDD-306.872

Índices para catálogo sistemático:
1. Prazer sexual : Vida conjugal : Sociologia
306.872

2011
Alaúde Editorial Ltda.
Rua Hildebrando Thomaz de Carvalho, 60
04012-120, São Paulo, SP
Tel.: (11) 5572-9474 e 5579-6757
www.alaude.com.br

Sumário

Introdução 9
   As sete gavetas 13

Capítulo 1 – A sala de estar – O lugar da conversa e do preparar 16
   Um local para a cumplicidade 18
      Um lugar aconchegante 19
      O lugar da conquista...21
      Tocar e se conectar com palavras 22
      Saiba o que conversar 24
      Bons papos...26
      Discutir a relação, a famosa DR 27
      Acertando o passo..28
      A temperatura do casal 29
      Papos quentes 30
      Não traga lixo para casa 32
      Buscar fora o que não há dentro..............................32
      Televisão na sala 34
      Planejando a vida...34

Capítulo 2 – A cozinha – Apurar o sabor para saber 36
   Um lugar para preparar os sentidos................................38
      Bons hábitos e bons alimentos 38
      Alimentação saudável..40

Estar bem consigo mesmo 41
Cozinhar juntos 42
Tudo funcionando bem 43
Preparando e temperando 44

Capítulo 3 – A sala de jantar – O lugar da sintonia e da prosperidade...46
Um local para reunir-se e compartilhar 48
Um espaço especial 49
Amar alimenta..50
Prosperidade e harmonia............................51
Comendo pela prosperidade 55
Tolerância é a palavra................................57
Conheça-se...57
Respeitando as diferenças e aprendendo a cooperar..60
O riso ainda é o melhor remédio: cure-se 60

Capítulo 4 – O banheiro – O lugar da limpeza e da preparação...........62
Um local de contato consigo mesmo 64
Etiqueta no banheiro...................................65
O banheiro é o local de cuidar da saúde.................66
Pés quentes e cabeça fresca 66
O ritual de beleza da mulher......................67
Ensaie seu discurso....................................69
Reativando a paixão...................................70
Gostos e preferências 71
Banhos e limpezas......................................72
Rituais de limpeza a dois 73
As marcas da vida......................................74

Capítulo 5 – A lavanderia – O lugar oficial de lavar a roupa suja 76
Limpando a relação 78
Por dentro da DR 79
Cuidado, jamais misture as gavetas! 80
Conversa mental...82
Roupas e relações emboloradas 83

Capítulo 6 – O quarto das crianças – O lugar certo das crianças na relação do casal 84
   O impacto dos filhos na vida a dois 86
      A mulher que se torna mãe 87
      Ajudando a esposa a voltar 88

Capítulo 7 – O quarto do casal – O lugar da intimidade 90
   O espaço e o tempo para o sexo 92
      Atraindo o homem 94
      Atraindo e esquentando a mulher 96
      Mulher de fases 97
      A energia sexual da mulher 98
      Preparando a mulher 99
      Quem chama acende a chama 101
      A energia sexual do homem 101
      Sexo construtivo 103
      Aprendendo e ensinando o caminho 104
      O homem conduz a mulher 107
      Os orgasmos da mulher 109
      A mulher conduz o homem 110
      Os orgasmos do homem 111
      Cuide do sexo no casamento 113
      Nunca dormir brigados 115

Palavras finais 117

Os 12 mandamentos para os casais 119

Introdução

Já há 20 anos, venho auxiliando no encontro entre as pessoas. São inúmeras as que alcançaram resultados positivos em sua vida pessoal e conjugal por intermédio de minha agência de casamentos, a *A2 Encontros* (localizadas em três Estados brasileiros, com cinco unidades próprias). Como terapeuta de casais e fazendo também atendimentos pessoais, acumulei uma grande bagagem de experiência prática, que se juntou aos meus estudos de psicologia, antroposofia, biocibernética, *feng shui*, yôga e medicina chinesa, propiciando um grande aprendizado sobre casamentos e relacionamentos humanos.

Todos os dias, em minha agência de casamentos, dezenas de pessoas de diversas idades, que já foram casadas ou não, chegam até nós com o desejo e a esperança de encontrar um parceiro adequado, casar, ou pelo menos ter uma relação estável. O sonho do amor e da felicidade, da paixão e do entusiasmo, parece que nunca morre. O casamento nunca sai de moda, pois o amor é algo que todos procuram sentir e viver. Quem nunca se emocionou ao ouvir as juras de amor dos noivos no altar? Como é bela a união de um casal em um ritual de matrimônio! Quando vemos o poder divino do amor, acreditamos na perfeição da união eterna entre o homem e a mulher, entre o masculino e o feminino. A vontade que temos de nos unir a uma pessoa pelo casamento reflete a nossa vontade de querermos ser inteiros e completos. Conseguimos expressar essa nossa vontade pelo casamento, no qual homens e mulheres se unem com o anseio de se tornarem um.

Casar é bom! Casar e viver junto com alguém, todos os dias, dá uma grande oportunidade para que as pessoas aumentem a percepção e o conhecimento de si mesmas. O parceiro é um companheiro que está perto durante a vida, e que serve de espelho para que cada um se veja melhor. O parceiro acompanha nossa evolução, nossa mudança, nossa melhora, e nos informa a nosso respeito, situando-nos, falando de nós, sobre a aparência externa, e também sobre a interna. E existe um companheirismo e uma ajuda mútua. O cônjuge é alguém com quem podemos viver experiências de prazer e de satisfação. Olhando com um olhar realista, o marido ou a esposa fazem com que seu companheiro se sinta mais bonito, mais capaz e mais corajoso e forte em relação à vida.

Mas sabemos que nem tudo são flores no casamento ou na vida; existem os espinhos. Todos os dias, também, em meus atendimentos como terapeuta de casais, chegam até mim pessoas com problemas em seu casamento. Há adaptações necessárias que precisam ser feitas em casamentos recentes, e também em casamentos bem antigos, de muitos anos, para que o relacionamento seja satisfatório e o sexo não acabe. Existem dificuldades e desacordos dos mais diferentes tipos e, invariavelmente, eles se refletem, concentram-se ou esbarram na questão do sexo. Os problemas passam pelo sexo, sempre. O sexo é uma das sete partes, uma das sete "gavetas", como eu chamo, do relacionamento, importantíssima para todos nós. As questões do sexo são um termômetro claro e um reflexo de como está a relação do casal. E a verdade é que é na minoria dos casos,

e não na maioria, que os problemas com sexo são *sexuais* apenas. Na maior parte das vezes, as dificuldades e entraves vêm de outras áreas do casamento. Porém, para haver sempre bom sexo no casamento, o que é preciso? Você sabe?

No começo do casamento, o casal quer estar sempre junto, a empolgação é enorme, a atração e a energia sexual são imensas, e tudo é uma lua de mel. Mas, com o passar do tempo, se o marido e a mulher se distanciam, e passam a ter vidas individuais em vez de vida em comum, sem compartilhar momentos, em alguns anos eles estarão tão diferentes que talvez seja impossível dar uma continuidade harmoniosa à relação. Vêm à tona as diferenças, os ressentimentos, as mágoas, as questões não resolvidas, as cristalizações. E tudo isso vai influenciando o relacionamento sexual do casal. Por isso, um bom entendimento sexual entre um casal casado começa não na cama, mas muito antes de se chegar a ela. Assim, da mesma maneira que uma gaveta precisa ser arrumada constantemente, o casamento, por sua imensa complexidade, precisa mais ainda de arrumação constante e atenta. Mas por onde começar a arrumação do casamento?

Casa-mento. Casa. Há sempre uma casa em que o casal vive. E a casa é o reflexo do casal. *Mento. Mente.* Onde estiver nossa mente, lá estará nossa atenção, nossa concentração, nosso direcionamento na vida. E onde será que está sua mente e a mente do seu parceiro nesse *casa-mento, casa-mente*? Não adianta viver sob um mesmo teto, em uma mesma casa, se sua mente está em outro lugar. O sexo (e esse é o primeiro segredo) é mental. E a mente é sexual. O sexo começa em nossa mente, de onde vêm todos os estímulos, os pensamentos, as histórias, as expectativas, as fantasias... E a mente funciona pela sexualidade. Portanto, casamento é casar mentes, e mentes são sexuais. Falar de casamento é falar de mentes e casas. Ou, mais profundamente, da expansão das mentes nas casas, a casa do corpo e a casa do casal.

Por isso, neste livro, vou tratar do assunto percorrendo uma casa. A sua casa. Vou passar por cada ambiente, e dizer muito da relação do casal que está ligada a esse ambiente. Há muitos aspectos, fatos, questões e assuntos sobre cada cômodo da casa que estão relacionados ao casamento e à temperatura sexual do casal. "Arrumando" cada cômodo poderemos, finalmente, ter saúde sexual e um relacionamento satisfatório e prazeroso. Um dos grandes "erros" no relacionamento é tratar de assuntos em lugar errado e no momento errado. Cada coisa tem seu lugar. Cada assunto tem seu "cômodo" e sua hora adequada. Assim como não se deve lavar roupa na sala e nem fazer sua higiene pessoal no quarto, cada aspecto do casamento e do sexo precisa acontecer em local e hora apropriados.

As sete gavetas

Um relacionamento possui sete níveis de envolvimento. Chamo-os de sete níveis do relacionamento ou sete gavetas do relacionamento: físico, sexual, financeiro, emocional, social, mental e espiritual. Isso quer dizer que existem sete grandes questões de envolvimento e desenvolvimento dentro de uma relação, quer ela seja uma amizade, um namoro ou um casamento. Perceber em quais níveis há mais entrosamento com o(a) amigo(a), namorado(a) ou cônjuge é fundamental para evitar brigas e desgastes desnecessários, podendo sinalizar a você onde deve colocar atenção e empenho. O mais importante aqui é: não misture os canais. Não confunda as gavetas!

Se há uma briga sobre a condição financeira, fique na briga financeira. Não envolva outro nível na briga. Se o sexo não foi legal, não misture as coisas, dizendo que está com raiva porque o par nunca leva você para sair. Cuidado! Vida social e sexo são níveis – ou gavetas – diferentes. Resolva cada item por vez. Não misture as gavetas, senão fica tudo embolado. Um dos grandes problemas de conflitos em casamentos vem exatamente daí: confundir os assuntos, as gavetas. A relação fica muito desgastada quando se misturam as estações, quando não se enxergam os níveis e se confundem as gavetas. Se você só enxerga e ressalta os defeitos do outro, se vive na acusação e nas cobranças, certamente a outra pessoa se fechará. Chegará um determinado ponto do relacionamento em que os canais ficarão tão sujos que não existirá mais possibilidade de conversa. Lembre-se de manter arquivos mentais de admiração, atração e entusiasmo. Neste livro, falarei sobre os sete níveis de relacionamento percorrendo os cômodos de sua casa.

Para um sexo feliz, o amor no casamento precisa ser plantado e cultivado todos os dias de sua vida. Ele deve ir aumentando com o passar dos anos. Mas quem vai cuidar e cultivar o amor e as emoções no casamento? Só conseguimos amar o outro quando amamos a nós mesmos. Por isso, o primeiro e principal cultivo amoroso diário é o seu, o amor por si mesmo. Temos de cultivar nosso amor próprio para podermos ter forças e possibilidade de cultivar o amor pelo outro e cultivar o casamento. Como conseguir cuidar de si e da relação todos os dias? Como conciliar todos os desejos e necessidades com o tempo? Como conseguir manter a relação em alta mesmo com a falta de tempo ou diálogo? Como limpar o casamento e renová-lo? As histórias dos casais são formadas de teias tecidas com vida, emoções, dores e amores. Quando olhamos as teias formadas, só admiramos sua beleza, e nem nos damos conta de como foram formadas e tecidas, dos encontros e desencontros, das alegrias e tristezas que elas têm em si. Minha proposta é conduzir o viver a dois e o sexo de forma gostosa e natural, com habilidade e alegria, levando o casal para a aproximação e para a cumplicidade, para o crescimento pessoal pela relação com o outro, como um espelho. A curtição de estar juntos e a possibilidade de se ajudar mutuamente tornam os cônjuges cúmplices.

    Vou propor aqui pequenas observações e mudanças no cotidiano do casal que geram grandes transformações no longo prazo, melhorias externas e internas. Haverá aumento da qualidade de vida, que também significa saúde sexual. Vamos começar a passear por sua casa, pela casa do casal casado. Nossa casa é nossa própria energia expandida. Vamos ver, então, como está a sua casa e o seu ser. Estou batendo à sua porta, você vai me deixar entrar? Vamos entrar juntos e conhecer mais do seu casamento, e desvendar o sexo e os segredos dos casais felizes.

Capítulo 1

Sala de estar

O lugar da conversa e do preparar

Um local para a cumplicidade

A sala de estar é o local da casa em que o casal conversa, troca ideias, planeja, fala olhando nos olhos, reforça sua cumplicidade. É o lugar em que homem e mulher se reúnem com descontração. É o ambiente ideal para falar sobre coisas boas, gostosas, prazerosas, para tentar encarar a vida e as peripécias do destino de maneira leve e alegre, contar sobre o seu dia satisfatoriamente e trazer as coisas boas. É um local em que a conversa flui, é onde toca a música da vida. E a cada dia pode-se ter aí uma nova música, um novo som. O casal pode falar também sobre as questões do dia a dia, e resolver, com serenidade e tranquilidade, as coisas de ordem prática da vida e do relacionamento. Uma boa conversa é a chave de tudo, do entendimento e da sintonia, e a sala é um bom lugar para isso.

A sala de estar, como o próprio nome indica, é o local apropriado para se perceber como cada um *está*. É onde se pode fazer um diagnóstico. *Estar* é algo que muda. A cada dia e a cada hora, você está de diferentes maneiras. É como o ano, que passa por diferentes estações: primavera, verão, outono e inverno. São vários momentos distintos. No outono, as folhas caem; no inverno, as plantas hibernam para cultivar novas sementes, novas ideias, que florescerão na primavera e pegarão fogo no verão, estarão quentes. Seu relacionamento pode estar no verão, bem quente, pegando fogo, ou pode estar no inverno, hibernando mudanças, novos projetos. Pode estar no outono, quando velhos conceitos vão embora, ou ainda florescendo na primavera, cheio de cores e risos.

Como você está? Feliz ou triste? Satisfeito ou insatisfeito? Cansado ou disposto? A sala é um bom lugar para perceber isso, em si mesmo e no companheiro, e também para conversar sobre isso. Perceber como o outro está é importante, e respeitar isso é fundamental. A sala é um ambiente para falar, manifestar-se, pronunciar-se, dizer, rir e contar tudo: piadas, histórias e aventuras. Um casal que conversa e se entende dá um ótimo passo em relação ao bom entendimento sexual. Passa a se conhecer melhor e a se agradar melhor. Se você tiver um parceiro que não fala muito, pode usar objetos que são uma ótima desculpa para o início de uma conversa: álbuns de fotografia de família, revistas, mapas, um jogo de baralho... Logo o assunto aparece, e um papo vai emendando no outro, fazendo a teia da vida se desenrolar. Porque a mulher gosta mesmo é de con-versa, *com-verso*, ouvir versos do homem. A mulher quer ouvir.

Um lugar aconchegante

A sala de estar deve ser um local aconchegante e gostoso para se ficar. Sofás, tapetes e almofadas deixam a sala acolhedora e agradável de se estar. Não devem ser muito duros e nem muito fofos, pois acabam deixando o corpo tenso para compensar, perceba isso. O ideal é ter uma sala para se relaxar. A iluminação não deve ser muito forte, e sim mais intimista, com abajures, pois favorece o bem-estar no local. Ter um tapete macio, um tatame (que é um tipo de esteira grossa japonesa) ou um *futton* (um tipo de edredom muito grosso, que os orientais usam em suas casas) para deitar no chão da sala pode ser gostoso. Você já experimentou deitar no chão em um edredom macio? Faça esse teste. Tenha um espaço vazio na sala, é muito interessante; você pode se exercitar, brincar com filhos, com a família, jogar algum jogo, namorar, etc. Quando existe esse espaço vazio você pode usar sua criatividade e levar mais descontração para sua família. Com essa proposta, você poderá dissolver um pouco sua rigidez com a quebra da rotina, criando novos ambientes para estar nessa sala. Experimente!

Criar, aliás, é o verbo da sala de estar. Crie novas conversas, invente brincadeiras, ria, seja alegre e otimista. Faça de suas conversas com seu parceiro algo novo sempre. Mostre seu diferencial, doe-se e faça do seu relacionamento algo especial, diferente de todos os que você já viu. A individualidade e a autenticidade que existem na sua casa e nos seus momentos a dois, e em família, é o que importa.

Quando um cômodo da casa está desajustado, pelo excesso ou pela falta de móveis e objetos, ou pelo uso incorreto de utensílios, essa desarmonia reflete-se diretamente nos moradores. Ou o contrário: o desconforto começou dentro, nos moradores, e foi parar fora, na casa. O que veio primeiro, o ovo ou a galinha? Não importa. Se há um desconforto, uma sensação de desajuste, não há bem-estar. O ambiente não favorece. Observe sua sala e sua casa. Perceba se está refletindo seu estado interno e o de seu cônjuge e família. Perceba se a sala de estar é aconchegante e convida para um bom papo. Tudo está funcionando ou você está acumulando muitas coisas velhas que não servem mais? Se esse for o caso, jogue o lixo no lixo, renove, e mantenha sua sala – e sua relação – sempre arejada, janelas abertas, deixando a luz entrar.

O lugar da conquista

A sala de estar pode ser um local interessante para o casal entrar na onda do sexo. É aí que tudo começa. Se o sexo começa pela mente, o homem pode conquistar e seduzir a mulher (e vice-versa, claro) exatamente nesse local da casa. Aí está o início do sexo, que se inicia na mente, e se revela no papo, nas risadas, nas conversas, nas pimentas do verbo, nas brincadeiras do casal, nas peripécias e cumplicidades, nas intimidades e brincadeiras privadas. Essa é a delícia chamada amor e paixão.

Existe uma senha de acesso sexual para o homem e para a mulher, e esse também é um segredo importante. A senha sexual para a abertura do corpo e do coração da mulher é *auditiva*, ou seja, é o que a mulher ouve do homem que abre sua via sexual, seu desejo; é o que a excita. A senha sexual do homem, diferentemente, é *visual*, ou seja, é o que o homem vê que abrirá seu desejo, sua excitação e sua sintonia sexual. Portanto, concordo com aquele velho ditado popular: "Não existe mulher difícil, existe mulher mal cantada". "Cantar" a mulher se aplica muito bem aqui para a própria esposa! E, em contrapartida, a esposa apresentar-se bem, bonita e atraente para seu marido é de grande importância! Falaremos mais sobre isso.

A sala é o local para relembrar e ter muito respeito pela luta conjunta, pelo amor entre os dois, por tudo o que construíram juntos e os resultados da união: filhos de carne e osso, filhos de criação, projetos, viagens, casas, risadas, amores e transas, e também os projetos futuros. Ao lembrar-se da riqueza da vida a dois, o casal sintoniza-se e relembra o primeiro dia, o primeiro olhar, o que marcou, e a paixão revelada para o outro. Não há dúvida de que isso é um sopro que reacende a paixão que motivou a união. Às vezes, ouço pessoas dizerem que querem discutir o casamento como se isso fosse algo ruim. Mas discutir o casamento também é olhar para as coisas boas!

Na sala, toque com amor os cabelos do seu parceiro ou parceira, conte histórias e casos engraçados, faça o outro rir. Esse é um santo segredo para a manutenção dos casamentos: rir. Quem consegue fazer o outro rir é um abençoado, porque o riso solta as tensões e dissolve as amarras. Quando as pessoas riem, elas se soltam e acontece uma intimidade muito gostosa, uma intimidade livre, de pessoas que estão relaxadas e podem curtir o desenrolar do amor com calma. O marido que consegue fazer sua esposa rir é muito sortudo e habilidoso, porque uma mulher que ri é uma benção. O riso afasta as doenças e equilibra as energias. Existe até a terapia do riso, que trabalha com as qualidades terapêuticas do riso. Rir é um santo remédio.

Na casa, a sala de estar é lugar para acontecer o início do sexo. É onde devem acontecer as preliminares, mas sem muito contato físico ainda. É onde o homem esquenta a mulher pelos ouvidos, toca-a com as palavras. E é onde a mulher seduz o homem pelo que ele vê nela.

Tocar e se conectar com palavras

Tocar com palavras pode ser algo mágico. O homem pode falar para sua esposa onde pretende tocá-la e como, movimentando a mão de longe, como se tocasse o corpo, porém falando e olhando nos olhos, emanando energia para o local, de longe.

A mulher que quer se conectar com o homem faz isso por intermédio da fala. Se a esposa está falando muito, é porque ela quer se conectar com o marido, seja pela briga ou por palavras doces. Quando a pessoa está falando, ela quer estabelecer contato. Sendo assim, pensamos primeiro no sexo para depois realizá-lo. Quando pensamos e verbalizamos na sala de estar, a história se torna bastante interessante.

    Mas e quando a esposa fica em silêncio, não manifesta mais seus quereres e suas vontades? Bom, quando a mulher decide silenciar, é porque ela já desistiu dele. Quando ela fala demais, está precisando muito de atenção e ainda está demonstrando que precisa. Se ela passar de conversadeira para calada, a luz vermelha acendeu, é um sinal de perigo. Mas se a mulher ainda está apaixonada, ela vai tentar se entender verbalmente com o marido.

    Por outro lado, o homem, quando quer estabelecer contato sexual, vai ao toque, quer tocar a mulher. E é importante, depois do toque por palavras, haver bastante toque físico sempre. Toques de amor. O homem pode ter toques que só ele faz: pegar na perna, nos quadris e até no nariz, ou puxar carinhosamente a orelha. Todo toque deve ter uma ideia conjunta, uma brincadeira ou uma ancoragem. A ancoragem é quando você repete várias vezes o mesmo toque na pessoa e as mesmas palavras. Depois de um tempo, você diz as palavras e a pessoa sente o toque, mesmo que você não o tenha feito. Ou vice-versa, o homem toca e a mulher ouve algumas palavras. Por exemplo, o marido pega o cotovelo de sua esposa, beija e diz: "adoro suas dobrinhas". Faz isso muitas vezes. Chega um dia em que ele beija o cotovelo dela, e ela já sabe antecipadamente que ele quer dizer: "adoro suas dobrinhas". Pronto, ficou ancorado! Se alguém um dia pegar no cotovelo dela, ela logo se lembrará do marido!

    A mulher aprecia o toque sutil em seu corpo. Ela quer ser tratada com respeito, delicadeza e carinho. O toque tem de ser agradável, doce, para aumentar a autoestima da mulher e sua beleza. O homem deve ter admiração ao acariciar sua esposa, contemplar a beleza feminina, as partes delicadas e íntimas com sutileza. Deve ter cuidado com o corpo da mulher, tocar nos cabelos, dar um abraço apertado, olhar nos olhos. Um abraço longo coloca os corações em contato.

As mulheres querem ser abraçadas. Esse é um desejo comum a todas. Se o marido der um abraço longo e apertado todos os dias em sua esposa, verá como será retribuído com mimos e carinhos, almoços e surpresas. Quanto mais sutil for o toque, mais profundo será. Mulheres são flores, devem ser tocadas com carinho e doçura, cultivo e cuidado.

Saiba o que conversar

Que a mulher gosta mais de papo que o homem, isso todo mundo já sabe. Mas é importante saber distinguir as conversas. Papo com o marido é diferente do papo com as amigas; são assuntos diferentes, e logicamente deve ser assim. O homem precisa de aceitação, confiança e segurança para estar num relacionamento estável. Acredite: o marido só tomou coragem para pedir a esposa em casamento quando sentiu que era confiável e passava segurança para ele.

Sendo assim, conversas do tipo "minha amiga casada arrumou um amante" ou "fui paquerada hoje no supermercado" ou "recebi um e-mail duvidoso do meu chefe" não são indicadas para se ter com o marido, por favor. Esse tipo de assunto tratado entre parceiros com certeza poluirá a mente do outro e sujará os canais da relação. Desnecessariamente, a mulher vai colocar uma pulguinha atrás da orelha do marido e vai deixá-lo inseguro, desconfiado e em estado de alerta total. E os resultados poderão ser brigas ou monitoramento 24 horas por dia. E não há coisa mais brochante que marido desconfiado, perguntando tudo, controlando tudo. Há mulheres que arriscam a saúde e a sanidade do seu casamento falando de assuntos desnecessários para testar o ciúme do marido. Definitivamente, não aconselho isso. O melhor a ser feito é procurar ajuda especializada para saber o motivo de ter esse gosto pela provocação e pelo ciúme do outro.

Bons papos

As palavras nos expressam. Elas andam à nossa volta, ao redor da gente. As palavras que falamos estão conosco sempre. Por isso, temos de cuidar do nosso verbo e da nossa fala. Vários mestres e gurus dizem: "Case-se com quem você gosta de conversar, porque, com o tempo, muitas coisas acabam, mas sempre sobra um bom papo". Concordo muito com isso! Com o tempo, com o passar dos anos de casamento, a quantidade de sexo pode se transformar, e podem surgir outras vontades a dois além do sexo, como deliciosas conversas e afinidade mental. Com isso, o sexo pode ficar mais mental que físico. Por isso, é importante cultivar o bom papo com seu parceiro sempre!

Conheço uma pessoa que, quando conheceu o parceiro, se apaixonou imediatamente. Quando estavam no terceiro encontro, num jantar magnífico em um restaurante, em um determinado momento uma grande empatia estava acontecendo. Em um clima delicioso, o homem falou como pensava em transar com a mulher, o que gostava e o que não gostava. Claramente e olhando nos olhos. Ela se apaixonou. Lógico, ele plantou o sexo na mente dela.

Realmente, um bom papo faz com que as pessoas fiquem horas e horas de conversa, dando risadas, concordando, debatendo e discutindo diversos temas em comum. Muito interessante quando o casal desenvolve conversas que só eles dois entendem, brincadeiras sobre temas particulares que viveram, que só eles viveram. Isso é uma delícia, mas para os outros pode parecer conversa de louco. Como é bom bater um papo com alguém com quem se troque realmente ideias, não é verdade? Planejar juntos as coisas também é delicioso, pois depois o prazer será maior ainda quando você estiver cumprindo o que estava planejando na mente.

Discutir a relação, a famosa DR

Outra questão importante sobre conversas no casamento é a famosa DR, ou seja, "discutir a relação". Qual é o local e qual é o momento mais propício? Naturalmente, o homem e a mulher possuem leituras e posturas bem diferentes a respeito do relacionamento, e isso precisa ser levado em conta quando você quiser entrar numa DR.

O homem percebe a relação, o casamento, no longo prazo, e não anseia por grandes mudanças. A mulher já é mais emocional e percebe a relação no presente, no aqui e agora, e tem anseios em relação ao casamento a todo o momento. É importante saber do que se está tratando, sem misturar os assuntos, sem bagunçar as gavetas, e perceber o ponto de vista do outro. A sensibilidade e a intensidade emocional das pessoas balizam o nível dos encontros sexuais e amorosos do casal. O sucesso do sexo está diretamente relacionado ao potencial emocional dos dois indivíduos envolvidos. A instabilidade e a insegurança emocional podem impedir o crescimento e o aprofundamento da relação, não deixando que haja um encontro prazeroso. Se existe muito amor, a atenção está presente com certeza. Porém, quando o casamento é recente, há mais incidência de grande tensão e consequentemente de tesão. Os dois têm energia suficiente para discutir sobre o relacionamento sem que isso abale a conexão entre os parceiros, pois, na maioria dos casos, sucede a explosão sexual que acompanhará a intensidade das discussões.

Mas se vocês precisam mesmo colocar os pingos nos "is" e colocar as mentes em sintonia, o lugar certo não é a sala, é a lavanderia, que é o local adequado para lavar a roupa suja. Claro que isso é metafórico. A DR não precisa necessariamente ocorrer no local físico da lavanderia, mas deve haver um momento especial dedicado a isso. Pode ser na sala de casa mesmo. Falarei mais sobre a DR no capítulo sobre a lavanderia, já que a DR é a lavagem da roupa suja.

Além disso, há uma prática, que deve ser feita sempre antes da DR, e que pode ajudar o casal antes de entrar em discussão propriamente. Cada um deve ir sozinho para a frente de um espelho (pode ser no espelho do banheiro, se quiser), olhar em seus próprios olhos e falar tudo o que tem vontade de falar para sua cara metade. Faça essa experiência. Imagine falando tudo o que precisa para a pessoa, fixando seus olhos e imaginando que a pessoa está ali, ouvindo tudo. Ensaie o discurso. Você notará que, quando acontecer de fato, a pessoa já sabia o que você ia falar; parece que ouviu mesmo. Isso é muito interessante. As palavras acompanham a gente, o discurso vai ficar mais sereno, mais tranquilo, e você perceberá que sua fúria pode ser domada. Não precisa despejar no outro todas as suas expectativas de forma desordenada, porque agora que você refletiu e ensaiou, está de fato lapidado em suas palavras e muito mais ciente do que vai falar, do que é preciso falar. Algumas vezes, quando você faz essa prática, já resolve tudo e percebe que não tem mais nada a dizer e nem atormentar seu cônjuge.

Acertando o passo

O importante na sala de estar é estabelecer contato, atração. Prepare um suco ou um aperitivo gostoso, promova um início de noite diferente. Você pode criar um ambiente gostoso, surpreenda! Mesmo que você nunca tenha feito nada igual, durante anos de casamento, agora é a chance. Coloque uma música qualquer de que vocês gostem, instrumental, samba, rock, pop ou outro ritmo que preferir, e acerte o passo na dança.

Muitas vezes, os casais me procuram para resgatar seus casamentos porque sentem que perderam o passo com o parceiro. Uma das minhas sugestões é fazer com que o casal dance, numa escola de dança ou em casa mesmo. Isso faz com que o casal acerte o passo tanto na dança como na vida, e também na transa, na cama. Dance na sala e na vida, e acerte o passo, a cabeça e o sexo.

Perceba: o sexo é como uma dança. O casal está completamente harmonizado, entrosado, fazendo um ritual cheio de prazer e amor. E já que o sexo é uma dança, recomendo que o casal tente aos poucos entender como o parceiro funciona. O ideal é compreender que, para a dança dar certo, o casal precisa estar harmonizado e com o corpo funcionando bem.

A temperatura do casal

Uma transa exige que os parceiros estejam quentes e prontos para o sexo. Nos relacionamentos e casamentos recentes, é normal que o casal tenha o desejo e a temperatura em alta, mas principalmente depois de anos de casamento, o casal requer esquentamento. Não adianta querer fazer sexo se os parceiros estiverem frios. Se os parceiros não tiverem tempo para se dedicar um ao outro na hora da transa, é até melhor esperar por um momento mais tranquilo. É importante manter a chama sempre acesa. O amor deve ser cultivado durante todo o tempo.

O homem é ativo, tem a natureza do fogo. A mulher é como água, e tem sua natureza flexível e fria. O fogo esquenta a água. Portanto, o homem precisa aquecer e manter a mulher aquecida, senão ela esfria, congela. E esse esquentamento não deve começar na hora do sexo, mas muito antes. Na sala. Durante o dia. Numa constante relação. Não são raros os casos de mulheres sem desejo sexual pelos maridos. Ora, que tipo de esquentamento esse marido faz com sua esposa durante o dia? Que tipo de carinho e elogio ele faz para ela? Com que frequência? Tudo isso determina a temperatura da esposa, e, consequentemente, a temperatura da relação.

Ouço muitas histórias de mulheres que têm homens preguiçosos e pouco atenciosos, que não esquentam nada. Pão-duros do amor. Chegam na hora H e querem transar logo e pronto. Isso não deve ser assim... Com certeza, a mulher desse homem *"fast food"* está muito decepcionada. Que mulher aguenta e deseja um homem que não se preocupa em esquentá-la, que quer ir para o quarto sem as preliminares da sala de estar? Muitas mulheres se machucam com relações sexuais feitas sem carinho e entrosamento. Homens: sejam mais atenciosos com suas esposas! (elas podem querer buscar essa atenção fora de casa, e aí pode ser tarde demais). Mulheres: deem mais atenção aos seus parceiros, mas saibam exigir também; não se traiam com relações sem abertura emocional antecedente! Resumindo: para a flor do sexo se abrir, é preciso que o amor tenha vindo antes. E o amor é demonstrado com palavras, gestos e ações.

Papos quentes

Algumas conversas que acontecem no quarto de casal podem ser muito focadas no sexo, com palavras mais íntimas e até picantes. Mas pode ser interessante levar essa conversa apimentada do quarto de casal para a sala de estar. Muda tudo! O cenário muda, o contexto muda; a mulher e seu parceiro também mudarão. Será outro sexo. A mulher atrai o homem com seu visual. O homem atrai sua mulher pelo papo. A proposta é usar a sala de estar para mexer com o outro e, assim, elevar o estado emocional da relação.

Então, bater um papo "quente" na sala, rever fotos de uma viagem bacana, contar um caso engraçado, tudo isso tem de fazer parte da rotina do casal. Diga palavras excitantes para seu parceiro. E se aparecer a vergonha? Ótimo, aproveite mais ainda. Vergonha vem da junção de verga (sexo) + onha (bochecha). Quando você sente vergonha, saiba que está se conectando com o estado sexual. As bochechas ficam rosadas e você fica com tesão. Lembre-se: se no próximo papo picante você sentir vergonha, significa que estará acendendo e ascendendo o fogo interno, o que é fundamental para o casal. Isso mantém a chama acesa e a temperatura elevada da relação.

Não traga lixo para casa

Muita atenção: não traga lixo da rua para sua casa. Não leve sujeira de fora para dentro do seu lar com as conversas densas sobre tristezas, tragédias e catástrofes do dia a dia. É importante manter a casa limpa fisicamente e também no astral. Aconselho que você mantenha conversas de temas saudáveis e construtivos dentro de casa. Se for para falar de algum assunto desagradável, perceba o tom de voz, as palavras e a forma como se expressa com seu parceiro e família. Gritar? Palavrões? Nunca. Lembre-se que depois que os laços se rompem existem os remendos.

Buscar fora o que não há dentro

Quando não encontram dentro de casa o que procuram, os parceiros têm a tendência de ir buscar fora. Quando a mulher procura fora de casa o que não pode ter com o parceiro, na maioria dos casos ela está em busca de atenção, carinho e conversa. A união desses três itens – atenção, carinho e conversa – forma a poderosa BOMBA que chamo de AMOR REVELADO. Esse é um grande remédio para as relações desgastadas, elas precisam disso. Com esse remédio, o sexo volta com rapidez.

O que motiva a mulher a buscar fora de casa, repito, é que ela não tem dentro de casa a *bomba do amor revelado*; estão faltando alguns dos itens ou todos. No caso dos homens, acontece o mesmo, mas geralmente é quando não há sexo disponível. Veja que a abstinência sexual não é característica dos homens. Em ambos os casos, cada um tem seu motivo de carência, e a conclusão é que, no casamento, tudo é motivado pelas trocas que o casal estabelece, pois os dois passam a ser dependentes dessas trocas. Há uma simbiose deliciosa, mas que, muitas vezes, amarga ou enjoa porque venceu o prazo de validade.

Mas há casos até diferentes. Conheço uma mulher casada que estabeleceu um "paralelo" fora do casamento. Tratava-se de um respeitoso *upgrade* pessoal. A mulher casada se encontrava com um homem semanalmente para tomar um café e conversar sobre a vida. Os assuntos eram os mais variados; eles conversavam sobre seus relacionamentos, filhos, trabalho, dinheiro, espiritualidade e infinitos outros temas. Eles estabeleceram trocas muito valiosas no setor mental. Ambos fizeram um acordo que jamais teriam um relacionamento físico; seria apenas mental, intelectual e filosófico. Perceba que isso está longe de ser traição. Esse é um relacionamento social de sala de estar, com conversas, palpites, opiniões, divagações e afins. Lógico que se apaixonaram, por admiração, mas nem sempre os corpos combinam, se encaixam. No caso aqui, a transa era apenas mental. Ambos se recheavam com as palavras e as ideias do outro. Ela chegava em casa animadíssima, e o relacionamento com o marido, que não estava tão excitante assim, foi melhorando, porque o "amante mental" passou a suprir essa carência do bom papo que o cônjuge não tinha. Sabe por que não tinha? Porque ele não se interessava pelas mesmas coisas que ela. Os dois gostavam de assuntos bastante diferentes.

Televisão na sala

Vamos falar sobre televisão. Quando você está assistindo televisão, fica passivo e assistindo o desenrolar da vida de outra pessoa, às vezes anestesiado. Tanto é assim que a TV funciona, muitas vezes, como um sonífero. Você assiste a vida na pele de personagens, não na sua própria pele. Perceba quantas vezes realmente você está prestando atenção à programação. Muitas vezes, a TV fica ligada só para fazer companhia dentro de casa. Nesse caso, aconselho que você escolha uma música que o agrade e deixe tocar, ou desligue tudo e realmente preste atenção ao que está fazendo. A televisão é quase como um morador nos lares. É interessante perceber como as pessoas precisam de estímulos externos para se sentir seguras. Minha sugestão é que a TV seja usada em casa para assistir algo curioso, interessante, ou programas que acrescentem algo à sua vida. Jamais como uma companhia robótica. Que tal fazer companhia ao seu cônjuge?

Planejando a vida

A sala de estar também é um local para planejar a vida, desde atividades de curto prazo, como um simples passeio de bicicleta no parque, uma ida ao cinema, até planos de longo prazo, como viagens, mudanças e objetivos profissionais. Isso é uma delícia! Sentem juntos, planejem, conversem, troquem ideias, pesquisem juntos. Dessa forma, cria-se um elo entre você e sua cara metade. O objetivo final de tudo isso? É a cumplicidade e o companheirismo. Só assim será possível concretizar todos esses projetos traçados em comum acordo, com o prazer de conquistar juntos. Ter planos e até segredos compartilhados com o cônjuge pode ser delicioso. Tente! Comecem vibrando com uma viagem planejada, façam as contas de quanto custa a viagem e em quanto tempo terão o dinheiro para fazer. Vibrem juntos por uma visita a algum local, se emocionem juntos a partir daí. Cultive a relação.

    Os momentos na sala de estar são de conversas e gostos. Não use desse momento para competir com seu cônjuge e sim para cooperar. Vocês são pessoas diferentes que se uniram com um objetivo em comum, o matrimônio. Participe, opine, mas não queira competir. Esse é um dos grandes erros nos relacionamentos. Adotar o comportamento invasivo, questionando, interrogando, colocando a pessoa na parede, só vai gerar brigas e confusões, e isso não é nada saudável. Para as conversas, aconselho que você leve sempre o alto astral, boas energias e muito, muito amor. As preliminares podem ser feitas na sala de estar da sua casa com conversas, sintonia, planos, cócegas amorosas, risos, cumplicidade, companheirismo, conexão, bom humor, entusiasmo e amor. Prepare sua sala de estar para essas preliminares e aumente suas possibilidades de crescimento e prazer, acerte as mentes, alinhe as cabeças, desperte o coração e esquente o corpo. Lembre-se que para rolar um sexo gostoso é preciso atenção e dedicação ao outro. Sempre.

Mandamentos da sala de estar
Traçar objetivos em comum.
Manter sempre o diálogo e optar pelo
bom humor.

Capítulo 2

A cozinha

Apurar o sabor
para saber

Um lugar para preparar os sentidos

Simbolicamente, a cozinha representa o fogo do casal. É onde preparamos o ritual do alimento, onde preparamos o comer, a comida, o nosso pão de cada dia. Como eu como? Como eu. Só eu como como eu. Veja que o como (de comer) está relacionado a como a pessoa é. Na prática, a cozinha é o local da casa em que preparamos o alimento e criamos nossos hábitos alimentares, e os da nossa família. A cozinha é o local em que preparamos para melhor aproveitar os alimentos, que colocamos o tempero, que experimentamos novos sabores, novos saberes.

Bons hábitos e bons alimentos

Falando em cozinha, é importante falar sobre a alimentação e o corpo físico. Somos o reflexo do que comemos. Muito de nossa saúde, de nosso vigor físico, de nossa energia vem de nossos hábitos alimentares. Para saber como estão seus hábitos alimentares perceba como está seu corpo. Como ele está? Viçoso, ativo, harmonioso, equilibrado? Ou cansado, deformado, doente e apático?

Seus hábitos alimentares determinarão o corpo que você terá. Um corpo sadio certamente contribuirá para uma mente e um fluxo de pensamentos sadios. *Corpo são, mente sã.* E corpo sadio, claro, tem disposição e energia para o sexo. Alimentos sadios contribuem também para o apetite sexual, para a libido. Um corpo fraco, gordo, sem flexibilidade, além de ser pouco atraente, tem pouca disposição para investir na atividade sexual, que é, também, uma atividade física, e requer, como qualquer atividade física, energia e disposição.

Perceba como o organismo é uma engrenagem única: se você mantiver uma alimentação saudável, terá um corpo sadio e uma mente mais equilibrada. Opa! A mente é sexual, lembra? A qualidade da mente e dos pensamentos é que impulsiona a vontade e a disponibilidade (ou não) para o sexo. Isso significa que é preciso adotar hábitos saudáveis e equilibrados para ter mais satisfação no corpo, na mente e no sexo. O prazer está no corpo. Um corpo sadio e ativo é um corpo apto a sentir prazer. Por isso, o corpo não pode estar doente, fraco, debilitado ou inativo. Sendo assim, a alimentação é a sustentação da boa saúde física, mental e sexual.

Alimentamos o corpo de acordo com nosso conhecimento mental. Somos o que comemos! Como você come? Como você é? O alimento é o responsável pelo bom ou mau funcionamento do nosso ser, constituído de corpo, mente, emoções e espírito. Quando se come muito, de forma exagerada, o corpo fica cansado, a pessoa sente-se sonolenta, desmotivada, sem entusiasmo e até um pouco triste. Como fica a disposição para o sexo em um corpo assim? Claro que difícil. Para você se relacionar sexualmente, é mais indicado estar com o estômago quase vazio. O hálito fica fresco e a barriga fica livre para sentir a sexualidade.

As pessoas que têm uma condição cardíaca ou respiratória ruim dificilmente conseguem ter uma relação sexual de qualidade, porque falta ar. O mesmo acontece com pessoas que têm problemas no intestino, prisão de ventre, gases... Elas não sentem entusiasmo pelo relacionamento sexual. Uma pessoa obesa, que não está satisfeita com o corpo, também não consegue estar bem para a onda sexual. Para que o relacionamento sexual flua bem, é importante que a pessoa tenha consciência sobre a forma como se alimenta e como isso repercute na sua vida pessoal e a dois.

Alimentação saudável

Para manter a saúde do corpo é preciso comer saudavelmente. Comer o máximo de alimentos frescos, vivos, não industrializados, como verduras, legumes, frutas, sucos gostosos, saladas. As comidas enlatadas, feitas na indústria, são comidas mortas, que não fornecem nenhum benefício para o nosso organismo. Que vida pode trazer um salgadinho de saquinho? Ou uma lata cheia de molho? Imagine esses alimentos dentro do seu corpo e o trabalho necessário para digeri-los. É muita química desconhecida para o corpo! Opte por ingerir a vida, e não a morte. Beber bastante água é também vital para o corpo. Limpa, hidrata, higieniza, refresca, revitaliza. Somos feitos de água, somos flexíveis.

Os horários para se alimentar também devem ser respeitados. Se temos horários definidos para o desjejum, almoço, lanche da tarde e jantar, o corpo se habitua e passa a funcionar como um relógio. Na hora do almoço, quando o sol está no seu pico, a refeição deve ser completa, com tudo o que você precisa. Durante o período da tarde, entre 15 e 17 horas, é adequado comer uma fruta ou, se sentir falta, algo doce, para ter energia até o fim do dia. A noite, no jantar, opte por algo de fácil digestão. Pode ser uma sopa, um sanduíche natural, um suco de várias frutas, uma salada gostosa de folhas ou frutas. O melhor é não comer depois que escurece e sim comer e manter o corpo ativo para que a digestão seja acionada corretamente. Comida saudável traz digestão equilibrada, sem prisão de ventre, bom hálito, disposição e vitalidade. Tudo isso não é ótimo para um bom sexo? Tente aos poucos inserir novos hábitos bons na sua vida. Toda mudança de hábito requer tempo, prática e dedicação. Ninguém consegue mudar tudo da noite para o dia, mas é preciso iniciar o processo. Seu corpo, sua mente e seu humor agradecerão. Aconselho que você engate uma mudança de três dias para ver o que sente; depois disso, terá mais condições de continuar a prática. Tente.

Estar bem consigo mesmo

A autoestima e o autoconhecimento também estão ligados à cozinha, porque é você quem decide o que comer, a que horas deve comer, o que é bom, o que gosta, se deve fazer ou comprar pronto o jantar, se come na rua, se opta por uma fritura, um *fast food* ou um prato mais saudável. Lembre-se: você é aquilo que você come. Você pode escolher o que come e mudar a si mesmo. Só conseguirei atingir alguma meta contando comigo mesmo, ou seja, para conseguir algo, você só precisará de você mesmo e de seus esforços, fazendo o que é bom para você e por você, com consciência. Quem está bem consigo mesmo vai ficar bem junto com o outro. Só comigo eu consigo. Con-sigo comigo.

Qualquer experiência que envolva os sentidos, na verdade, é uma experiência individual. Com o sexo também é assim. Veja se não é assim: quando você come, você sente o seu próprio sabor. Por quê? Se eu como uma uva, por exemplo, experimento a uva, mastigo e engulo. Depois de engolir, digo: "Hum! Que uva gostosa!". Veja o processo: desviei o meu sabor por intermédio do sabor da uva. Porém, quando o meu sabor volta, o sabor da minha boca volta, eu digo que a uva é gostosa! Digo isso porque estou "gostosa", por que se estivesse no desgosto, entenderia que a uva estaria ruim. Fica fácil perceber isso quando você está doente. Tudo o que você põe na boca fica ruim, porque você está no desgosto, nada fica gostoso. Sendo assim, o sabor é seu e você só pode desviar o seu sabor. Mas você poderá ser um bom desvio, um desvio mais gostoso que a uva! Por isso, é preciso estar bem com você mesmo, para que suas experiências pessoais sejam boas para você. Você pode aproveitar todo esse conhecimento para melhorar a forma como se alimenta. Não perca tempo, comece na próxima refeição.

Cozinhar juntos

Cozinhar juntos, marido e mulher, pode ser uma experiência incrível. Imagine que vocês dois vão cozinhar juntos. Quem fará o quê? A mulher, com sua sutileza, poderia conduzir o homem a preparar a refeição, o jantar, por exemplo. Ele seria o cozinheiro e seguiria as orientações da esposa, que mentalmente já teria idealizado o prato pronto e seu preparo. Ela cria o cardápio e conduz o homem a executá-lo: picar uns tomates, cebolas, colocar os temperos, o sabor adocicado ou picante, os ingredientes na ordem, e por aí vai. Nesse formato, a mulher ensina o homem a ser motriz, e ela vai arquitetando o jantar de forma mental. Dessa forma, o casal se harmoniza na cozinha e cria junto um alimento, ambos se misturam e se tornam um alimento. Os dois se tornam um, como no sexo, só que, nesse caso, a comunhão vem pela comida. Podemos fazer o contrário também: o homem dar o tom na cozinha e criar a sugestão do cardápio, orientando a mulher sobre como prepará-lo. Hoje em dia há excelentes homens cozinheiros!

Esse exemplo de troca de papéis na cozinha revela a versatilidade que temos como seres humanos. Podemos assumir qualquer papel diante das situações da vida. Podemos fazer e sugerir; podemos ser ativos e passivos, condutor e conduzido. Isso é possível porque somos feitos de pai e mãe, de homem e mulher. Temos dentro de nós uma parte masculina e uma parte feminina. Podemos trocar de papéis. Com certeza, duas pessoas juntas funcionam melhor que duas pessoas sozinhas. Pessoas que trocam, que se doam e que compartilham têm mais compromisso de vida, mais laços, sentem-se mais queridas e vivem melhor.

A boa comida é aquela feita com amor. Pode até ser preparada como um ritual. Enquanto prepara seu alimento, conecte-se com os condimentos, com os ingredientes, contemple a beleza divina em cada composição. Vá juntando e celebrando os sabores, o perfume que a alimentação está lhe oferecendo, curta esse momento. Aliás, existem grandes mestres que ressaltam a importância de se cozinhar a dois. Proponha ao seu amor um jantar feito a quatro mãos. Faça desse momento uma celebração. A culinária é uma arte, uma alquimia. Não precisa ser um jantar requintado. Pode ser uma simples pizza, um macarrão, uma salada. O importante é ativar a cooperação e a troca do casal. Experimente!!!

Tudo funcionando bem

Fisicamente, a cozinha deve estar com todos os equipamentos funcionando, pois a cozinha guarda o fogo da casa, é a central de fogo do casal. Ter aparelhos na cozinha que não funcionam não é bom para a energia sexual do casal. O fogão, por exemplo, deve sempre estar limpo e ser utilizado diariamente. Deve estar em bom estado e com todas as suas partes em funcionamento.

Você sabe guardar alimentos na geladeira? Nas prateleiras de cima, há o local mais frio da geladeira. Carnes, laticínios (derivados de leite) e comidas prontas devem ser colocados na parte superior da geladeira. Na parte mais baixa, inferior, devem ser mantidas as frutas, verduras e legumes, apenas para uma refrigeração moderada. Toda bolacha ou biscoito depois de aberto deve ser guardado em uma lata ou pote. Você pode ter uma lata para salgados e outra para doces, assim estarão sempre crocantes.

É na cozinha da sua casa que você pode cultivar a prosperidade no amor, no dinheiro, nas relações, na saúde, no corpo, no entusiasmo, no seu poder pessoal. Para criar um estado de abundância e prosperidade dentro de casa é preciso ficar atento ao estado de conservação dos alimentos e utilização dos equipamentos da cozinha e elevar ao máximo a qualidade dos alimentos que você e sua família ingerem. Qualidade de dieta não significa dieta cara. Você pode ter uma alimentação super rica e barata.

Tudo o que você prepara na cozinha está relacionado à energia da prosperidade, da fartura da vida, da mesa e das finanças. A energia deve sempre ser farta e de abundância. Mesmo que você vá preparar um simples lanche, lembre-se da qualidade dos ingredientes, como seu organismo receberá esse alimento, mantenha o estado de alegria e fartura ao fazer seu alimento, e ele o alimentará com a energia com que você o preparou. Tenha consciência disso.

Preparando e temperando

Na cozinha, podemos fazer preparações que ativam os sentidos: paladar e olfato com o sabor e o odor dos alimentos, a visão, com pratos bonitos e atraentes, que dão vontade de "comer com os olhos", a audição, dos sons da preparação, e o tato, com a textura dos alimentos e do local em que se vai comer. Ativar os sentidos é *sensual*. Com os sentidos à flor da pele, as experiências sensuais do sexo ficam ativadas, prazerosas. A sensibilidade maior permite que se percebam todos os sabores, tons, sons, texturas e perfumes da experiência sexual. O prazer dos alimentos estende-se ao prazer sensorial da relação sexual. Os sentidos aflorados abrem o canal da experiência sexual completa. O corpo todo passa a sentir.

Se o sabor não está gostoso, lembre-se de que o sabor é seu. Saia do desgosto e encare um novo sabor, um sabor de amor e alegria, sabor para saber. Para saber é preciso sentir o sabor. Saboreie os alimentos e a vida. Aí está todo o sentido! Sinta o prazer dos alimentos, saboreie a natureza, saboreie para saber!

Mandamentos da cozinha
Desenvolver o hábito de preparar coisas juntos,
um para o outro.
Cuidar de sua saúde e tornar-se sábio.

Capítulo 3

A sala de jantar

O lugar da sintonia e da prosperidade

Um local para reunir-se e compartilhar

Se a cozinha é o local de preparar os alimentos e desenvolver os sabores, a sala de jantar é o local de reunião para compartilhar e entrar na mesma sintonia dos que estão à mesa. E esse compartilhar pode ser de alimentos, de momentos, de energias, de ideias e de todas as outras coisas que são possíveis para quem compartilha uma vida juntos. Sentar junto à mesa é como que um ritual, que deve ser feito todos os dias. Comer sozinho, sentado à mesa, fortalece o ser individual. Comer a dois, em casal, um de frente para o outro, fortalece os laços do casal. E comer em família fortalece a família.

Aliás, a prosperidade da família pode ser construída à mesa. Manter os rituais familiares é a base para manter o equilíbrio, o diálogo e a abundância da família. O alimento, que é importante e sagrado, e vem da natureza viva, é para ser degustado de forma divina, com respeito à natureza. Comer dessa maneira faz bem e traz força e saúde às pessoas e ao casamento. Dá segurança e é o momento perfeito para se compartilhar os fatos e as experiências do dia a dia, e reafirmar os laços que fizeram a união do casal e da família. O ritual familiar na sala de jantar é o mais importante para a família. A prosperidade, a união e o diálogo diário estão aí.

Um espaço especial

Na sua casa, deve haver um espaço destinado à sala de jantar. Nela, a protagonista é a mesa de jantar. Arrume sua mesa como um ritual, com carinho. Saiba que, mesmo sendo uma mesa simples, a disposição de talheres, copos e pratos é muito importante. Decore a mesa, coloque uma flor bonita. Se estiver a dois e quiser criar um clima de romance, use velas. Faça desse momento e desse ambiente algo especial e próspero para o casal e para toda a família.

A mesa pode ser redonda (símbolo feminino), ou quadrada ou retangular (símbolos masculinos). Precisa acomodar as pessoas e convidá-las para a permanência com conforto no ambiente. As cadeiras devem ser confortáveis, apoiando bem a coluna e os pés à frente. A luz deve mostrar o alimento e as pessoas. Esse é o local em que a limpeza deve ser integral e constante, já que as migalhas caem no chão e as formigas podem aparecer. É muito bom ter um momento em que o casal – e a família – possa estar reunido para fazer as refeições ao mesmo tempo, todos juntos, de maneira harmoniosa, podendo conversar com calma e comer à mesa.

Tem gente que acredita que se a comida é pouca ou simples, um lanchinho, por exemplo, não precisa ser servido à mesa. Mas é justamente o contrário. Quanto mais simples for a comida, é melhor que seja servida à mesa. Na mesa, você tem a real sensação de se alimentar e de ficar satisfeito. Estando à mesa, você come e percebe que está se alimentando e se nutrindo. O corpo e a mente recebem e emitem o sinal de refeição ao corpo. Fazer as refeições em volta da mesa organiza e sintoniza a mente do casal e da família, e isso é muito importante. É importante ter a capacidade de prestar atenção ao outro, de ouvi-lo e de falar na hora certa.

Muitas pessoas mantêm um costume antigo e muito bonito que está se perdendo nos dias de hoje. É o costume de agradecimento e de conexão com o poder divino que acontece nas horas das refeições, na sala de jantar. Independentemente de qual é sua religião, agradeça pelo alimento que chegou à sua mesa. Tenha a consciência. Veja que o planeta inteiro trabalhou para que aquela folha de alface fosse para a sua mesa. Com certeza alguém plantou, semeou, arou a terra, colheu, carregou para dentro de um caminhão, trouxe para a venda, você a comprou, lavou, preparou, e nesse exato momento está com ela em sua mesa. Houve o sol, houve a lua, o orvalho, a noite, as estrelas, a água, a chuva, as pessoas, o transporte. Veja que beleza, quanto trabalho o universo teve para haver o alimento em sua mesa, que vai nutri-lo e lhe dar mais saúde e vida. Portanto, agradeça. Com quem estiver à mesa. Da maneira que quiser e que lhe parecer melhor.

Amar alimenta

Para melhorar ainda mais o relacionamento com o cônjuge, indico uma prática muito interessante: sentem-se à mesa, frente a frente, o marido e a esposa, e comam juntos durante a refeição, olhando um nos olhos do outro. Os dois devem comer no mesmo ritmo, pegando a comida do prato, mastigando e bebendo cada um de seu copo ao mesmo tempo. Isso deve ser feito em silêncio, sem conversar; pode até haver uma música boa no ambiente, porém, o importante é olhar nos olhos, estar em silêncio e sintonizado com o parceiro; em plena sintonia.

Se conseguirem entrar no mesmo ritmo durante todo o jantar, provavelmente estarão afinados no mesmo ritmo durante o ritual sexual na cama também. Devemos sim afinar o ritmo com nosso parceiro durante as refeições, pois é uma forma de estar em sintonia com o cônjuge. Essa prática de olhar nos olhos durante a alimentação deve ser feita apenas quando o casal estiver fazendo a refeição sem os filhos, só os dois juntos, sozinhos. A refeição, como um ato sagrado, diz muito sobre você e sobre seu relacionamento sexual. Preste atenção a como você come, desde a velocidade até a maneira como se comporta à mesa, e note como o cônjuge se comporta à mesa também. Você notará que, se tiverem sintonia nesse momento, a sintonia na cama também vai acontecer. Se você está comendo com alguém que engole tudo rapidamente enquanto você degusta o alimento devagar, perceba que a outra pessoa está afoita, está com fome e ansiosa. Saiba que esse poderá ser o comportamento dele na cama também. Mas faça isso: sinta o outro sem precisar falar. Coma com prazer. Sintonize na mesa para sintonizar na cama.

Prosperidade e harmonia

Diz o ditado popular que só depois de comerem um pacote de sal juntos é que o casal vai se conhecer realmente. Isso pode ter muitas interpretações e significados, é importante analisar: talvez compartilhar muitas refeições, talvez compartilhar experiências, agradáveis ou desagradáveis, da vida. Mas o fato é que prosperidade, sucesso e êxito financeiro são questões importantes no casamento, e fazem parte de uma das sete gavetas que eu mencionei na introdução deste livro. E isso está ligado também à sala de jantar.

Muitas vezes, é sobre a mesa de jantar – mas não no momento das refeições – que o casal esparrama a papelada das contas, programa pagamentos, faz cálculos e cuida da sua vida financeira. E sabemos que muitos casais discutem e brigam por causa de questões financeiras, e alguns até se separam por esse motivo. Muitos desentendimentos na cama são reflexos de problemas financeiros, em um típico caso de misturar as gavetas, como eu falei. É muito comum haver problemas de libido, a energia e o apetite sexual, por causa de questões ligadas a problemas econômicos. Porém, na maioria dos casos, o dinheiro da casa depende de como é administrado pelo casal, em todos os sentidos, desde ter a total franqueza mútua a respeito das possibilidades individuais, até a administração diária, mensal e de longo prazo do casal. E as questões financeiras devem ser tratadas nesse nível, sem misturar ou interferir em outros assuntos.

Tenho experiência, em meus atendimentos, de acompanhar implantações de sistemas administrativos e financeiros com casais e digo, com certeza, que o principal fator para a harmonia nesse assunto é a comunicação. Muitas vezes, o casal não conversa sobre o assunto porque entende que vai perder a liberdade. Porém, o importante é trocar informações e conversar sobre os ganhos e gastos dos dois, o poder de compra do casal, e encontrar possibilidades de aumento, em todos os sentidos. Em muitos casais, o homem e a mulher ganham, em outros só o homem ganha, em muitos outros, só a mulher. E, nas famílias, quem coordena os gastos e os administra varia: por vezes é o homem, por vezes é a mulher.

Antigamente, o marido era o único que trazia rendimentos para a casa, entregava para a mulher, e ela administrava. Vejo que a esposa gerenciar o dinheiro dá muito certo ainda nos dias de hoje, pois a mulher é multifuncional e entende as necessidades da casa, tendo uma visão mais ampliada para essa função de gastar. O dinheiro rende mais na mão dela. Se a mulher e o homem têm essa condição, devem ver qual tem maior capacidade, e testar. Tenho um casal de amigos em que os dois são assalariados; ele quer que ela cuide do orçamento, e ela quer que ele cuide. Então, cada um cuida durante três meses, e depois eles

trocam. Nenhum dos dois gosta, fazem por obrigação. Mas eu acredito muito no homem na função de diretor e na mulher na função de gerente da casa.

Tenho uma história de quando fazia o programa *Acertando os Ponteiros*, na TV Bandeirantes, em que eu dava orientações aos casais com problemas no casamento. Havia um casal que tinha problemas financeiros bastante complicados. Fui visitá-los em sua casa e notei que eles não tinham mesa de jantar. Era inacreditável: eles já eram casados havia 15 anos e não tinham um local em que costumavam comer juntos. Disse a eles que toda a prosperidade da família é feita à mesa. A energia dourada e próspera da família é feita na mesa. A dona de casa, a esposa desse casal, ficou assustadíssima, porque ela disse que logo depois que casou, começou a ter as filhas, mudou de casa e já não teve mais a mesa de jantar. Disse que a vida deles sempre foi de grande dificuldade financeira.

No momento em que eu cheguei à casa deles, eles estavam exatamente almoçando, todos com seu prato na mão, um sentado na cozinha em um cantinho, outro na frente da televisão, e, acredite se quiser, existiam pessoas que comiam até no quarto. No decorrer do meu trabalho com essa família, conseguimos, por intermédio de patrocinadores, uma mesa de jantar para o casal. Colocamos a mesa de jantar e reunimos a família à mesa. As filhas, que já eram adolescentes, disseram que sonhavam com aquele momento, e todos ficaram bem emocionados. Além disso, oferecemos ao casal um curso sobre economia doméstica, sobre como fazer o orçamento familiar e como cuidar da vida financeira. O casal me contou depois sobre a virada positiva em relação aos ganhos financeiros e à harmonia e união familiar. A prosperidade está ancorada exatamente aí, na sala de jantar.

Comendo pela prosperidade

Como está sua sala de jantar? Como dinamizar os ganhos e a prosperidade na sua casa? Arrume a mesa toda vez que for comer, e faça disso um ritual. Não coma andando e nem de qualquer jeito. Coma sentado à mesa, como um rei ou uma rainha, celebre a fartura de sua refeição. Se estiver acompanhado na hora da refeição, tente se sintonizar com essa pessoa, ou com as pessoas ao redor da mesa, e comam em paz; tentem estar em harmonia e busquem assuntos positivos e serenos. Lembre-se de que os papos à mesa de jantar devem ser de prosperidade, planos futuros, o que deseja e quer em família. Há assuntos que não devem ser ditos durante a refeição. A hora da alimentação é sagrada. Estar à mesa é para estar em celebração e não para discutir a relação e falar de assuntos desagradáveis (isso prejudica até a digestão).

À mesa, é melhor ter bons assuntos e bons costumes. Não coma com pressa, fazendo uma grande bagunça no prato e nos sabores. Vamos definir e conhecer os sabores dos alimentos e podemos também nos surpreender com novos sabores à mesa. Muitas pessoas com quem falo algo sobre etiqueta e sobre a importância dos bons hábitos na hora das refeições me dizem que não têm tempo e que não se importam muito com isso. Perceba como está sua sala de jantar, sua prosperidade, sua condição financeira e seu entrosamento com a família. Atenção mães: devemos ensinar a etiqueta e os bons hábitos à mesa para nossos filhos, meninas e meninos. Pedir licença para sair, comportar-se ao comer, ter higiene, atenção, educação e respeito. Na hora em que você estiver preparando o alimento, peça para seus filhos arrumarem a mesa, pratos, copos, talheres, guardanapos, temperos. Ensine-os a serem prósperos desde pequenos.

Tolerância é a palavra

A incompreensão entre o casal é a responsável pelo insucesso de muitos relacionamentos. Veja: in-compreensão. Essa palavra quer dizer compreender o *in*, o interno. Compreendemos o outro quando compreendemos a nós mesmos. Estando em um estado de autocompreensão, podemos aceitar a diversidade e as diferenças com mais serenidade e discernimento: estamos juntos, mas somos diferentes. Quando não conseguimos encarar as diferenças com amor e tolerância, começamos sabotar a relação, ligamos o nosso negativo, nosso lado negro, o nosso sabotador interno. Não é difícil descobrir quando o sabotador é acionado: apenas os defeitos do parceiro aparecem. A pessoa começa a sentir enorme dificuldade para enxergar qualquer qualidade positiva e começa a alimentar velhos fantasmas.

Aja positivamente! Não fique inventando hipóteses e alucinações com pensamentos negativos! Precisamos aprender a ter conversas engraçadas, pensamentos e emoções positivas. Vamos ser mais tolerantes, respirar fundo. Nunca exija que seu parceiro aja como você acha que ele deve agir. Pense positivamente. Ative e exercite a tolerância. Entenda as diferenças dentro da complementaridade. Nunca exija que as pessoas ajam como você agiria. Somos diferentes. Respeite a diversidade do planeta, ela é bela e pode completá-lo. Perceber como se comporta cada ser e que proposta ele tem são duas atitudes muito positivas que conduzem, sem dúvida, à harmonia.

Conheça-se

A grande questão sobre a arte dos relacionamentos é o autoconhecimento. É conhecer e amar você mesmo em primeiro lugar, para poder ter capacidade de conhecer e amar o outro. Para ter alguém é preciso *ser*. Ter a si mesmo em primeiro lugar. Entendendo a si mesmo se pode entender o outro. Como posso me conhecer e me amar em primeiro lugar?

O autoconhecimento pode começar pela observação dos quatro corpos que nos compõem: o corpo físico, que é o nosso organismo; o corpo mental, que são os pensamentos; o corpo emocional, que são as emoções e sentimentos; e o corpo espiritual, que é a nossa conexão com Deus e com a Criação. Sim, você é uma turma, um conjunto! É quatro em um, e esses seus quatro corpos precisam estar antenados e em forma em quatro sentidos diferentes! Para o amor, para o relacionamento e para o sexo, é preciso usar os quatro corpos. Se você está com o corpo físico, mental, emocional ou o espiritual estragado, estará indisposto para comer, para fazer sexo e para viver um grande amor.

O casamento carrega um peso de aniquilar com a individualidade dos parceiros. A pessoa passa a assimilar um novo papel social, de marido ou esposa, e acaba abandonando suas outras vontades, como a de continuar estudando, de sair com os amigos, de viajar sozinho, de jogar futebol, e por aí vai. É evidente que a pessoa que escolhemos para casar tem qualidades e características importantes para formar uma família. Porém, é preciso entender que cada um é responsável por sua própria energia. Se você precisa conversar com alguém, falar sobre a vida com uma outra pessoa, e se sente bem com isso, faça! Não é preciso esperar tudo de uma pessoa só. Isso poderá sufocar a relação. Dê a você uma vida de que goste. Enriqueça-se como pessoa, tenha conteúdo, densidade, histórias para contar, risos para dar e alegria de viver. Envolva-se!

É preciso estar atento e observar diariamente o estado de seus quatro corpos: físico, mental, emocional e espiritual. Para ter uma vida mais saudável e poder fazer uma troca harmoniosa e de crescimento com nosso parceiro, precisamos ficar atentos à saúde dos nossos quatro corpos. Perceba em você onde fica a sobrecarga do dia a dia. É no físico? Seu corpo dói? Sua saúde é frágil? Você fica doente facilmente? A mente e os pensamentos negativos não param? As emoções arrebatam você, de repente, sem controle? Você fica com os nervos à flor da pele? E o corpo espiritual? Seu "santo não bateu com o do outro"? Observe-se. Faça um autodiagnóstico de você mesmo. Como você pode querer que o outro o ame se você não consegue reconhecer seus pontos fortes e fracos? Vamos evoluir, só assim amaremos e seremos amados.

Ganha quem ama, sempre. Só o amor pode curar; o amor pode de fato curar uma pessoa. Faça o que tem de fazer, e para isso se entregue com todo o seu coração. Isso mesmo, se entregue preparando uma bela mesa de jantar e um prato cheio de cura e bom humor, e amor. Se você se entregar de todo o coração, poderá curar sua família com o seu jantar. A verdade é que queremos viver um grande amor. Ele é o nosso verdadeiro alimento. Falar mal de seu companheiro para os amigos, filhos, família, torna você uma pessoa chata e desagradável. Assuma outra postura mais alegre, vibrante. Se não for falar bem, melhor não falar nada.

Quanto mais os cônjuges concordarem, maiores serão as chances de negociar pequenas divergências, menor será o espaço para críticas e maior será o sentimento de que se conhece o outro. É preciso respeitar os limites do outro e entender a situação de cada um em uma relação. Treinar ficar no estado amoroso, sair da crítica e ver o lado positivo de cada ser podem ser bons caminhos. A mulher pode ajudar o marido a falar de si, cultivando o exemplo. Ela fala dela, fala sobre o que sente, como se sente, e então dará abertura para que ele fale dele.

Respeitando as diferenças e aprendendo a cooperar

Repare nas diferenças entre você e seu cônjuge de maneira positiva, de um e de outro. Não caia na tentação de esperar que sua cara-metade, por ser sua cara-metade, faça tudo exatamente como você. Muito pelo contrário! Lembre-se sempre que sua cara metade pode trazer algo que falta a você, para acrescentar em sua vida e preencher todos os campos. Foi exatamente isso, a diferença, que atraiu você, não foi?

A convivência de ajuda mútua precisa ser preservada. Faça essa parceria se transformar em ações, planos futuros a serem realizados e vividos. Que esse clima comece com as atividades simples, como arrumar a mesa da sala de jantar. O fazer juntos, as atividades do lar, com os filhos, dividindo tarefas, isso é muito construtivo para o casal. Você pode se organizar com seu cônjuge para que se inicie essa cooperação. Organize os horários para que possam estar juntos, comer à mesa juntos, fazer as refeições em família e entender a importância do agradecimento. Quando estiver comendo, olhe e sintonize-se com seu companheiro. Vocês são cúmplices do mesmo ritual e continuam juntos. Estão unidos, e isso pode ser maravilhoso!

Rir ainda é o melhor remédio: cure-se

O riso envia ao cérebro um comando, por meio do hipotálamo, para que ele produza um grupo de substâncias conhecidas como betaendorfinas, elaboradas nas ocasiões em que as pessoas se encontram bem-humoradas. Essas substâncias detêm um potencial analgésico que pode até curar.

Portanto, meu conselho é: conte hoje uma piada para o seu cônjuge e ria, ria muito dos seus defeitos e dos defeitos do seu amor. O riso rejuvenesce e nutre a alma de alegria. O riso dá prazer e leva ao prazer. E esse é um excelente afrodisíaco para um sexo bom e prazeroso. Comecem a rir juntos de si mesmo e um do outro. É divertidíssimo!

Mandamentos da sala de jantar
Aprender a respeitar as diferenças e a cooperar.
Manter rituais familiares, trazendo prosperidade
e autoconhecimento.

Capítulo 4

O banheiro

O lugar da limpeza e da preparação

Um local de contato consigo mesmo

É no banheiro que a limpeza do corpo físico acontece, seja pelos banhos ou pelas delivrâncias, ou seja, pela eliminação dos resíduos do corpo. Além disso, o banheiro é um local da casa bastante apropriado para a faxina dos pensamentos, das emoções e da alma. É no banheiro que nos limpamos, nos purificamos e nos preparamos para o encontro agradável com o parceiro. Se há algo que precisa ser limpo, em qualquer nível, para que nos apresentemos assim para o cônjuge, o local apropriado para fazer isso é o banheiro.

O banheiro em si deve estar sempre bem limpo, para haver conforto e satisfação em sua permanência por lá. A tampa do vaso sanitário deve sempre estar fechada. A porta também. Se seu banheiro estiver com um cheiro estranho, coloque um perfumador de ambientes. Pode ser um difusor com óleo, um incenso ou um spray mesmo. O importante é torná-lo um local limpo e agradável. É importante também ter um espelho para se ver e se arrumar.

Etiqueta no banheiro

No banheiro, expomos nossa intimidade da maneira mais explícita possível. Quando somos casados e dividimos o banheiro com o cônjuge, desentendimentos podem acontecer. É preciso preservar sua privacidade e respeitar a privacidade do outro. Como é sua etiqueta no banheiro? Deixa cabelos por todos os lados? O homem faz xixi para fora do vaso? A mulher deixa a calcinha pendurada para secar? Pasta de dentes seca na pia? Não repõe o papel higiênico nem o sabonete quando eles terminam? Toalha molhada espalhada pela casa? Ai, ai, ai! Muitas brigas de casal têm como pano de fundo os maus hábitos no banheiro.

Cuidado! Observe seus hábitos! As mulheres precisam cuidar para não deixar a pia e o box do chuveiro infestados de fios de cabelo e de pelos. Ninguém gosta de ver um monte de cabelo grudado na parede do box! As pessoas precisam saber usar o banheiro com limpeza, e isso é uma questão de saúde física e de bom relacionamento. O vaso sanitário deve ficar sempre limpo, respeitando-se a "famosa" tampa levantada/tampa abaixada. Tem gente que fuma no banheiro. Ainda mais nesses tempos de lei antifumo, fica complicado. Mas quem fuma, quer fumar, e se você está casado com um fumante, vai ter de se acostumar. Nesses casos, a etiqueta do fumante deve ser fumar na janela, porque no banheiro pode ser pior, já que o cheiro fica impregnado em locais fechados. O melhor mesmo é fumar bem longe, ao ar livre.

Em resumo, a etiqueta no banheiro é: não deixe suas marcas. Passe despercebido, sem deixar nenhuma pista. Isso é educação, higiene e respeito. E fundamental para o bom relacionamento.

O banheiro é local de cuidar da saúde

Concordo com a cultura indiana que relaciona diretamente o que eliminamos (fezes e urina) com o que ingerimos (comida). Ambos são pontas de um único processo, que está relacionado ao funcionamento geral do corpo e da saúde, pois tudo o que você põe para dentro e para fora do seu organismo está intimamente ligados. Se você se alimenta de forma equilibrada e se mantém ativo fisicamente, certamente suas idas ao banheiro são diárias, relaxantes e prazerosas. Tudo funciona de forma natural e constante.

Mas se você tem uma alimentação precária, com poucos alimentos naturais, e é sedentário, com certeza suas idas ao banheiro devem ser sofridas. Perceba suas delivrâncias. O intestino é o órgão do corpo relacionado com sua satisfação. Quando você vai ao banheiro e seu organismo não está retendo nem freando nada, tudo flui natural e saudavelmente, e você se sente bem e leve: satisfeito e aliviado. Mas já percebeu como fica enfezado, bravo mesmo, quando fica com prisão de ventre? Claro! Você fica cheio de fezes! A prisão de ventre gera muito mau humor nas pessoas, e o mau humor mina os relacionamentos. Para manter o bom funcionamento da digestão (e da sua satisfação), tenho duas dicas valiosas: beba um copo de água ao acordar, em jejum, e coma pelo menos uma fruta pela manhã antes de qualquer outro alimento. São dicas simples, mas que trazem muitos benefícios para você no longo prazo.

Pés quentes e cabeça fresca

Aqui vai uma recomendação muito valiosa, tanto para os homens quanto para as mulheres: os pés devem sempre estar quentes e a cabeça deve estar sempre fria. Esse é o equilíbrio natural do nosso planeta: em cima frio e embaixo quente. A terra que pisamos está abaixo do céu. Ela é quente e abriga em seu centro um magma escaldante. O céu está acima da terra e cada vez mais acima sua temperatura abaixa e é mais frio. Portanto, esteja em equilíbrio com sua saúde e com o planeta. Mantenha os pés quentes e a cabeça fria. É mais comum as mulheres terem os pés gelados, talvez porque a cabeça delas esteja fervendo e a mil para dar conta da casa, dos filhos, da comida, do trabalho, de si, do marido... Um quadro assim pode acarretar dores de cabeça e enxaqueca. O fato é que, ao perceber que seus pés estão frios, trate de esquentá-los. Ou para esfriar a cabeça, esquente os pés. Faça um escalda pés: em uma bacia, coloque água fervendo e sal grosso. Descanse seus pés na bacia. Isso ajudará a trazer energia que está concentrada na cabeça para que chegue até os pés. E tome chá de gengibre para ter menos frio.

O ritual de beleza da mulher

Além da saúde e da higiene, o banheiro é um local da casa interessante para rituais. E as mulheres adoram o ritual do embelezamento. No banheiro, a mulher pode se despir das roupas, limpar seu corpo e sua alma, se preparar e sair de lá quando se sentir bem, linda e pronta. O banheiro é o lugar onde a mulher vira deusa. Você já entrou no banheiro sem ter hora para sair? É uma delícia. Você pode tirar algumas horas por semana para cultivar sua beleza dentro do banheiro.

Máscaras de beleza, de argila natural em pó, são ótimas. Você pode passar a máscara e cortar as unhas sentada no chão, bem relaxada. Leve um aparelho de som para poder curtir bastante esse momento de embelezamento. Depois que a argila secar, entre no chuveiro e tire tudo vagarosamente, curta o momento. Quando você for cuidar das unhas em casa, tire todo o esmalte antes de entrar no banho. Depois, ao sair, tire a cutícula imediatamente, pois fica mais mole e fácil de retirar. No chuveiro, lave os cabelos e, quando sair, se enxugue pouco. Passe um creme hidratante e deixe que o restante da água do seu corpo se misture com o creme. Faça esse carinho em você. Acariciar a própria pele, cuidar-se e amar-se é muito gostoso.

Dedique um bom tempo para se olhar e se admirar no espelho. Olhe para o seu corpo nu, limpo, totalmente puro de todas as sujeiras, e se encante com toda a sua feminilidade, com suas curvas, suas particularidades. O corpo da mulher é algo lindo, cheio de curvas e surpresas no caminho, pode reparar! Portanto, olhe-se, admire a divindade que existe em você, no seu feminino, no seu corpo de "deusa". E sinta-se bem, linda e poderosa.

Depois de um banho revigorante, cuide dos cabelos, seque e penteie seus cabelos com suavidade, passe algo para deixá-los cheirosos, brilhantes, sedosos e macios, para quando seu amor tocá-los, sentir toda a maciez e vontade de acariciá-la mais e mais. Faça seu penteado e, ainda nua, faça sua maquiagem. A mulher deve sempre estar maquiada, pois a maquiagem levanta o visual e o astral de qualquer mulher. Só depois da maquiagem pronta é que a mulher deve escolher a roupa que irá usar. A maquiagem nunca é igual todos os dias. Ela revela a energia que você está no dia. Combine a roupa com a maquiagem e descubra as variações de você mesma. A mulher que se cuida, que se ama e que se admira é irresistível para um homem. Essa é uma preparação fundamental para o amor e para o sexo.

Ensaie seu discurso

Lembra quando você, homem, estava com a aliança de noivado no bolso, prestes a pedir sua mulher em casamento? Sua cabeça pensava em um discurso... O que falar para ela?! Em frente ao espelho do banheiro, você ensaiou as palavras que ia falar. E isso é algo muito poderoso que pode ser feito no banheiro. E pode ser feito tanto pelo marido quanto pela esposa. Se você tem algo a dizer para o seu cônjuge, uma DR, algo sobre a relação, ou simplesmente se quiser se conectar com seu companheiro, você pode ensaiar seu discurso no banheiro.

O homem pode ensaiar na frente do espelho o que vai dizer para a sua mulher à noite, o que vai dizer e como vai dizer. Converse com o espelho, faça suas feições, perceba como fica mais bonito, mais engraçado (as mulheres adoram homens engraçados). Converse com sua amada olhando no espelho. Ensaie sua conversa, seu verso, seu verbo, sua prosa. Diga tudo para ela nessa conversa com o espelho, imaginando que ela está do outro lado vendo você. A mulher pode também dizer tudo o que deseja para o marido, pode desabafar, por para fora algo sobre o que está incomodando, rasgar o verbo. Com certeza, ela ou ele estarão ouvindo você de algum lugar e estarão receptivos na hora da conversa "real". Ou talvez nem seja necessária mais essa conversa "real", pois vocês já terão se entendido, como eu já disse antes. E já terão desabafado!

Naquele primeiro discurso ensaiado, do namoro ou do noivado, em que o homem ou a mulher pensaram ou até falaram, mental ou fisicamente, tudo o que desejavam para o parceiro, certamente tinham o coração disparado e a paixão pulsando. Isso é o que mexe com a gente: a paixão. A paixão nos deixa vibrantes, criativos, entusiasmados. Há quanto tempo você não se sente apaixonado? Reative essa sensação em você. Convide seu cônjuge para um passeio diferente, um jantar exótico, saia para dançar, passear em um parque. Aliás, falando em paixão, se você está com muito cansaço, muitas dores, se vive reclamando, está faltando paixão na sua vida. Esse é um santo remédio para o tédio, o estresse e o cansaço. Apaixone-se novamente pela mesma pessoa! Se você não sabe como fazer isso, vou ensinar de forma bastante interessante.

Reativando a paixão

Se você quer sentir novamente aquela paixão, aquele prato cheio de amor que aconteceu na sua vida no dia em que você conheceu seu grande amor, você poderá recuperar esse sentimento. Todas as grandes emoções que você viveu estão guardadas dentro da caixa do seu corpo e você pode acessá-las. Essa é a boa notícia! Convide seu cônjuge para um banho bem gostoso embaixo do chuveiro e pegue uma bucha e esfregue as costas dela ou dele de verdade, se ocupando de ensaboar e esfregar toda a superfície, sem nada erótico nesse momento. Durante a limpeza das costas, que é uma limpeza do acúmulo do dia a dia, além da limpeza real das peles mortas, você deve encher seu parceiro de amor e paixão, lembrando o dia em que se conheceram e como você o viu.

Por exemplo, o homem lembra: "No dia que nos conhecemos, eu olhei para você e percebi seu jeito delicado, doce e sensual, e pensei que queria estar ao seu lado. Naquele momento em que você falou determinada coisa, eu me senti excitado e alegre. Naquela hora em que você levantou, eu olhei seu corpo e gostei. Pensei que você era exatamente como eu queria...". Ele vai fazendo o trem do amor se encher de emoção e aumentar a velocidade do coração dela, aumentar sua circulação.

Depois desse ritual, os dois se abraçam embaixo da água e sentem por onde caminha a água nos corpos unidos. O homem lava os cabelos da esposa, agrada a cabeça e espera. Não ataque sexualmente! Perceba todo o corpo e espere o trem do amor se tornar o trem do tesão. O homem espera que a mulher sinta. Ele apenas agrada e aguarda. Continua com os carinhos e não entra na área sexual definitiva. Apenas dá amor e aguarda a energia amorosa inundar sua mulher, até que ela fique pronta sexualmente.

Gostos e preferências

Antigamente, as mulheres preferiam, em sua grande maioria, homens com pelos no peito, mas hoje isso mudou. Há mulheres que preferem homens com barba, e outras preferem sem barba. Há homens que acham a mulher bem depilada melhor, outros gostam de mulheres com mais pelos. O interessante é conhecer o gosto de seu parceiro e de sua parceira e brincar de agradar. Ou de variar. Há diferentes tipos de depilação íntima, e isso pode ser bem interessante. Experimente! Ouse! Brinque! Só não caia na armadilha de misturar gostos e pessoas alheias ao casal. O tiro pode sair pela culatra. O que vale é o gosto e a intimidade do marido e da mulher. Algo só de vocês.

Cheiros e odores são algo bem característico, sensual e sexual. Seu amor tem cheiro de quê? Qual é o principal cheiro que marca seu parceiro? Qual é o perfume do amor para você? Há algum cheiro que o leva às nuvens só de senti-lo? Pergunte ao seu cônjuge sobre essas maravilhas e fale você sobre isso. Conheça as preferências de seu marido ou esposa. Agora, cuidado com o cheiro de suas partes íntimas, e de seus odores corporais. Seja higiênico consigo mesmo e aumente suas chances de contato íntimo com sua alma gêmea. O cheiro característico de seu cônjuge limpo, mesmo sem perfume algum, é muito agradável e excitante, mas os cheiros ruins (chulé, cc, mau hálito, suor depois de um dia de trabalho, etc.) podem acabar com a excitação. Fique limpo e cheiroso para o amor e para o sexo; é a preferência da maioria (mas existem pessoas que adoram cheiros fortes; perceba a preferência de seu parceiro).

Banhos e limpezas

O banho matinal deve despertá-lo para o dia. Minha sugestão é finalizar o banho com água fria. Isso mesmo, depois do banho quente habitual, você deve dar um choque térmico nas células com água bem fria. Assim, você começará o dia com muita energia e disposição. O banho noturno deve sempre ser quentinho, para tranquilizar o corpo e garantir um bom restabelecimento noturno. No banho, você deve limpar todos os sentimentos negativos, todas as mazelas do dia a dia. Mesmo que você não tenha tempo, faça do seu banho um ritual diário de limpeza do seu corpo e de todos os acontecimentos negativos e desagradáveis que você teve durante o dia. Quando for lavar seus pés, pense em todo o caminho que percorreu para chegar a essa fase da sua vida. Pense e limpe as pedras que seus pés já pisaram, nos caminhos errados que você seguiu, em quantas emoções você viveu nas suas caminhadas, em quanto peso seu pé suportou, e tire tudo o que não faz bem, toda a sujeira. Deixe somente as boas energias das boas caminhadas e dos bons caminhos. Faça isso em todo o seu corpo. Limpe-o e tire tudo o que lhe faz mal ou não lhe serve mais.

A limpeza dos lixos emocionais é muito importante e deve ser feita sempre que você se sentir estressado, nervoso, com falta de ânimo, e quando estiver cansado de tudo e de todos. Você pode e deve utilizar os banhos com alternância de temperatura para fazer a limpeza. O banho deve sempre começar na temperatura de seu corpo e, à noite, deve terminar quente. Durante o dia pode terminar frio.

Cante no chuveiro. "Quem canta seus males espanta", é o ditado popular. Não precisa cantar bem não! Pode desafinar! Mas aproveite esse momento e coloque a boca no trombone. É muuuuuito relaxante. Escove seus dentes pelo menos três vezes ao dia. Esteja sempre atento à saúde da sua boca, ela diz muito sobre você. Tenha sempre uma bala refrescante e note seu hálito. A pior coisa que há é conversar ou beijar uma pessoa com mau hálito. Seu sorriso é seu cartão de visitas. Cuide muito bem de seus dentes. Vá ao dentista regularmente.

Rituais de limpeza a dois

No banheiro, os banhos dos casais podem ser muito interessantes. Os banhos de limpeza a dois podem auxiliar o casal a se afinar e a limpar as mágoas e os ressentimentos. Ambos no chuveiro, deixem cair a água no corpo. Lavem um ao outro, tirem do outro tudo o que não serve para a relação. Passe o sabonete e a esponja e vá dizendo para o outro o que você está limpando e retirando da relação. Por exemplo: "Olha, meu amor, estou limpando seu coração de toda a tristeza e mágoa; limpo suas costas de todo o sobrepeso que tem carregado; limpo suas mãos para poder criar e fazer seu trabalho com sabedoria; limpo e alivio suas pernas de toda a sua caminhada; lavo seus cabelos para limpar todos os seus pensamentos...". E por aí vai. Um deve limpar e dizer para o outro o que está limpando. Assim, o banho se tornará curativo.

Outro ritual muito gostoso no banheiro é assim: pegar sal e misturar com água e deixar virar uma massinha na palma da mão e passar no corpo do seu par para uma esfoliação da pele. Você só pode fazer isso a cada 15 dias. Passe nas costas, nos braços, na barriga, no bumbum e vá tirando toda a pele morta. Verbalmente ou mentalmente, retire tudo o que você não quer mais na relação e o que a pessoa precisa se livrar. Esses são rituais de limpeza e cura para o casal e exigem bastante intimidade e cumplicidade. Se você achar que seu par não vai aceitar falar de seus bloqueios e dificuldades, sugira um banho relaxante a dois e, mentalmente, faça a limpeza em si e no outro. Nos banhos juntos, em geral a mulher quer a água mais quente que o homem. Entrem em um acordo para ambos sentirem prazer e conforto.

As marcas da vida

Que tal se olhar mais no espelho e perceber as marcas que a vida deixou em você? Saiba que cada ruguinha diz respeito a um momento da sua vida, algo que você viveu e deixou uma marca em você. Você pode utilizar cremes que amenizam essas marcas, mas nunca deixe de olhá-las. Elas são sua referência de todas as batalhas que teve na vida.

É no banheiro que podemos limpar e liberar todo o lixo acumulado no dia a dia, seja o lixo físico, vindo da alimentação, ou o lixo emocional, vindo de um desencontro amoroso ou de uma briga. Tudo isso pode ser amenizado com a consciência de seus atos no banheiro. Jogue tudo para fora e limpe tudo o que não serve mais. Libere e liberte-se de todo esse lixo e sinta-se renovado, limpo e pronto para um relacionamento tranquilo, prazeroso e feliz.

Mandamentos do banheiro
Cultivar sua individualidade.
Limpar todos os corpos e preparar-se.

Capítulo 5

A lavanderia

O lugar oficial de lavar a roupa suja

Limpando a relação

A lavanderia é o local da casa em que lavamos, secamos e passamos a roupa. Energética e simbolicamente, é o lugar em que deve acontecer a "lavação de roupa suja" do casal. Se o casal está aproveitando as oportunidades para acertar as diferenças e lavar as roupas sujas do relacionamento, isso é um bom sinal. Seguramente, as roupas na lavanderia estarão em dia, lavadas e passadas. Perceba isso. Com a "casa em ordem", limpa e arrumada, é bem mais fácil e provável que o relacionamento e o sexo entre o casal flua naturalmente.

A lavanderia em casa nos faz lembrar a importância de conversar sobre o relacionamento, ou discutir a relação. Quando um casal vai colocar os "pingos nos is" e discutir a relação, a famosa DR, é importante que se tenha uma pauta para a conversa, um tema central. Como disse antes, a conversa não precisa acontecer propriamente nesse lugar da casa, mas o importante é que se reserve um local e um momento adequado para isso. Não adianta começar a falar, no meio de um jantar, em uma conversa amena ou em meio a outra atividade. Certamente, vai acabar em discussão e briga, e isso não é o desejável.

O casal que mantém o hábito de conversar sobre as diferenças e desavenças sobrecarrega menos a relação. A DR fica mais frequente e menos chata, pois acumula menos temas a serem discutidos. Agora, quando o casal conversa pouco, não acerta suas diferenças e acumula os lixos emocionais, quando chega a DR é um desastre. Fala-se de tudo, de assuntos do passado, de brigas já resolvidas, é um horror. Por isso, como a roupa, quando sujar é preciso lavá-la. Acumular muita roupa suja, por muito tempo, todo mundo sabe, não é nada bom. A roupa pode estragar definitivamente e não ter mais conserto.

Por dentro da DR

O melhor para conversar é mesmo estabelecer um local social para discutir a relação. Pode ser um restaurante, uma lanchonete, um parque, uma praça... O importante é que seja um lugar neutro e público, para que nenhum dos dois se exalte. Combinem isso antes, quando tudo estiver em paz. Façam esse acordo de tentar resolver as diferenças de uma forma civilizada. Dessa maneira, ambos conseguirão evoluir como indivíduos e como casal.

Um conselho valioso: arrume-se para ir fazer a DR, como se fosse sair para um compromisso. O marido e a mulher devem ir lindos, bem arrumados, com boa aparência. Se um já está enxergando o outro meio torto, por causa das diferenças, indo com a cara meio feia, se aparentar mal então, todo desgrenhado, aí é que será visto como um monstro mesmo. Vá arrumado, para lembrar ao seu cônjuge como ele aprecia você.

A postura na DR deve sempre ser harmoniosa. Esforcem-se para manter o equilíbrio e para se manterem lúcidos quando estiverem colocando os "pingos nos is". É preciso ter em mente que uma DR é a chance que ambos estão dando para manter a relação, e por isso não há lugar para ira e xingamentos. Marque com seu par um dia para irem a um restaurante, por exemplo. Se arrume para a ocasião, não vá com cara feia, nem desarrumado, mantenha a autoestima. Não faça com que esse momento pareça um martírio. Saímos como nossos amigos para colocar o papo em dia, não é verdade? Por que não podemos criar o hábito de sair com o cônjuge para atualizar a conversa e a relação?

Cuidado, jamais misture as gavetas!

Numa DR, o mais importante é não misturar as estações, as gavetas, como eu disse no início do livro. Se sua reclamação é sobre a colaboração do cônjuge na rotina, não adianta misturar o papo com as contas e as despesas da casa, ou com o desempenho sexual dos dois. Cada tema de discussão fica guardado em uma gaveta. Não é correto misturar as gavetas; elas devem ser arrumadas separadamente.

Por exemplo, sua conversa poderia começar assim: *"Gostaria de conversar com você sobre a divisão de tarefas cotidianas para o andamento da nossa casa. Gostaria de contar com a sua colaboração para as compras do supermercado; se você tiver uma lista de compras previamente organizada, poderia ir fazer as compras aos sábados?".*

Não grite, não altere o tom de voz, não coloque a outra pessoa na parede. Ninguém gosta de se sentir acuado, manipulado ou acusado. Veja outra maneira de dizer a mesma coisa, porém ofendendo: *"Gostaria de conversar com você sobre sua colaboração na casa, porque eu tenho feito tudo e espero que você colabore mais. Quero que você colabore no mínimo indo ao supermercado aos sábados, pode ser?".* Dessa forma, ninguém se expressa, e ficam os dois no ataque, e não chegarão a lugar nenhum. Ou, dependendo do caso, ficam os dois na defensiva.

Perceba que você pode dizer tudo ao outro sem agredir ou ofender. Converse de forma clara e sucinta, peça a colaboração do outro de forma tranquila. Pode parecer difícil, mas tente se controlar para não cair no "sincerocídio" e acabar dizendo para o outro tuuuudo o que você pensa sobre ele, e com agressões.

Mantenha a calma e o controle. As DRs podem e devem ser pacíficas. Não perca o controle dos atos e das palavras, pois isso denota imaturidade e ainda poderá estragar tudo.

Se conseguir autoconhecimento é uma tarefa inesgotável, imagine conseguir conhecer o outro! É uma missão e tanto. Para evoluir, é preciso querer e fazer. Você já está dando o pontapé inicial, mas só sentirá as mudanças em si e no seu casamento se começar a mudar os pequenos hábitos diários de seu relacionamento. Na terapia que faço com casais, aplico a técnica que desenvolvi das gavetas. Cada gaveta guarda seu tema e uma forma adequada para conservá-la arrumada:

Gaveta 1 – Tema: Cotidiano (aqui o casal fala sobre as questões práticas do dia a dia e dos cuidados com seu corpo)

Gaveta 2 – Tema: Sexo (aqui o casal fala sobre seu relacionamento, prazeres e vontades sexuais)

Gaveta 3 – Tema: Dinheiro (aqui o casal fala sobre ganhos e gastos, administração do dinheiro e de suas próprias energias, como ganham e como perdem energia)

Gaveta 4 – Tema: Sentimentos (aqui o casal expressa como se sente por dentro, falam de amor, afeto, carinho, paixão, falam também como se sentem em relação ao outro)

Gaveta 5 – Tema: Vida social (aqui o casal fala de tudo o que se refere a amigos, lazer, cultura, passeios, diversão, etc., e o que é necessário para isso)

Gaveta 6 – Tema: Objetivos da vida familiar (aqui o casal discute sobre seus planos para filhos, família, metas juntos, aquisição de bens, viagens, etc.)

Gaveta 7 – Tema: Espiritualidade (aqui o casal fala sobre sua vida e costumes com espiritualidade, religião, aspectos místicos, e como cada um lida com isso e compartilha)

Nunca, eu disse *nunca* misture as gavetas, e nem as bagunce. "Você não foi ao aniversário da minha mãe... é porque você não me ama mais!" Opa! Já está misturando as gavetas! Não é bem assim. Nesse caso, a presença física na festa de aniversário e o amor não estão relacionados. Uma coisa é uma coisa, outra coisa é outra coisa. Questões sociais são da gaveta 5, e amor, sentimentos, são da gaveta 4. O problema é social. Mas como reparar o estrago causado no outro com essa atitude? Esteja presente em outro momento importante. Resolva a ausência com presença. Tudo ficará resolvido na mesma gaveta.

O que é muito comum, porém, e extremamente nocivo para a saúde do casamento, é compensar um erro desarrumando outra gaveta: "Já que você não foi à festa, não farei sexo com você esta noite". Totalmente errado! Mas agora que você já sabe, policie-se mais na hora da DR. Não desarrume desnecessariamente as gavetas. Perceba qual é o tema da reclamação ou da briga e resolva ali mesmo.

Conversa mental

Entenda que uma relação é feita de canais, de ligações entre o homem e a mulher, da mesma maneira que existem os encanamentos de uma casa, que são os canais que ligam uma coisa a outra. Você pode conversar com seu cônjuge mesmo não estando juntos fisicamente. O casal já se misturou tanto que um pode "ouvir" os chamados do outro ou perceber seu contato à distância. Tudo o que você fala, pensa ou sente sobre seu par será captado por ele. Por isso, não suje os canais, não fale mal, não pense mal. Resolva as situações.

Ensaie o que você tem para falar para o outro, como disse anteriormente. Isso faz com que mentalmente a pessoa receba sua mensagem, e, quando vocês forem conversar, ela(e) já terá absorvido um pouco sobre o assunto. Isso fará com que você não precise ficar se desgastando. Muitas vezes, só com esse ensaio mental, alguns casais já resolvem o assunto.

Roupas e relações emboloradas

Na lavanderia, às vezes não é possível limpar e clarear uma roupa muito suja. Aí você a deixa jogada até que um dia se dá conta daquela peça que molhou, secou e embolorou. Você tenta lavá-la novamente e resgatar aquela blusa, mas não consegue. Ela ficou estragada. A mesma coisa acontece com as relações. Às vezes, passam-se dez, quinze anos de mágoas acumuladas e ressentimentos em relação às coisas que não foram ditas, e quando você decide que é o momento de falar, percebe que começou apenas pela primeira lavagem, e que aquela relação não está mais limpa e cristalina. Ela ficou embolorada, como uma roupa largada embaixo do tanque. Isso acontece pelo próprio desleixo, por não ter encarado e limpado a situação logo no início.

Meu conselho para os casais é: levem a sério a lavanderia. Lave a roupa suja o mais rápido possível, mesmo que não pareça tão suja assim. Não deixe acumular sujeira. O acúmulo de mágoas e palavras não ditas inviabiliza realmente um casamento de longo prazo. Sempre, mas sempre mesmo, limpe a sujeira na hora que sujou. Faça com que a ação seja rápida. Os lixos emocionais são muito pesados e causam traumas e danos irreparáveis para a vida pessoal e conjugal. Limpe imediatamente, e nada de dormir brigados! Resolvam a discussão e depois durmam.

Fale sobre seus sentimentos, o que pensa e sente, mostre-se, seja você. Não há briga que resista à vontade de amar. Fale sobre seu amor e sobre suas vontades, não tenha medo. Não adie aquele papo sobre algo que o está incomodando. A conversa ajuda a limpar a relação e as emoções. Viva, converse, troque ideias. Se jogue! Não engula mágoas, limpe e esclareça as emoções na hora.

Mandamentos da lavanderia
Ter um espaço para entrar em acordo mútuo.
Resolver os problemas o mais rápido possível.

Capítulo 6

O quarto das crianças

O lugar certo das crianças na relação do casal

O impacto dos filhos na vida a dois

Do banheiro, poderíamos ir diretamente para o quarto do casal, mas é conveniente que paremos por um instante no quarto das crianças, para falar do impacto dos filhos na vida conjugal e sexual do casal. Esse impacto poderá ser menor se for planejado, ou seja, as crianças planejadas, os filhos esperados trazem menos problemas para o casal.

O nascimento de uma criança é sempre um momento mágico, mas a rotina, que antes era ditada pelo casal, fica condicionada ao ritmo da criança. O filho é da mãe ou a mãe é do filho? Decididamente, a mãe é que é do filho, ou seja, os pais são do filho e não o filho é que é dos pais. Os pais passam a vida se ocupando do filho, e o filho se ocupa de sua própria vida. Por que isso ocorre? Porque as pessoas são feitas de pai e mãe, ou seja, temos nosso pai e nossa mãe dentro de nós. Sentimos que já temos o pai e a mãe, temos essa sensação. Mas, para a mãe e para o pai, o filho é uma mistura de ambos, é o fenômeno da união, da mistura dos dois. A mistura pode ser bem amorosa, quando o homem e a mulher a constroem com amor; são responsáveis por seus resultados, pois dizem respeito a eles. Por isso, quando o filho nasce, a atenção é voltada a ele, e pode acontecer que a atenção que os cônjuges davam um ao outro fique bem reduzida, pois por um momento isso será necessário, e quanto mais atenção a mulher puder dar ao filho, melhor para ela, para a família, para o filho e para a sociedade. Criança precisa de cuidado e atenção. Se o marido tiver condições de deixar a mulher em casa, e essa mulher der amor e atenção ao filho, haverá uma criança melhor. O sistema econômico tem oposições, porque, se você pensar bem, uma pessoa poderá ganhar dinheiro para ficar com o filho de uma outra pessoa, mas não ganha nada se ficar com o filho dela mesma; engraçado, não é?

A mulher que se torna mãe

A maioria das mulheres, quando se tornam mães, perdem o apetite sexual nos primeiros tempos. Os hormônios mudam na gravidez, e posteriormente na amamentação. A mulher se "amatrona" para ter o filho, se torna pura e casta quando vai dar à luz. Por isso se "amatrona", fica com cara de mãe. A mulher fica iluminada pelo nascimento de uma nova vida, pelo milagre da vida. Muitas mulheres, antes muito abertas e liberais, se tornam até "caretas" quando engravidam, cheias de prevenções e cuidados; isso é um fato.

Depois do parto, vem a amamentação e os cuidados intensos com o filho. Nessa época, a mãe está ainda tentando se entender e se conectar com seu bebê. O cansaço é bem grande, pois vira noites dando de mamar a cada duas ou três horas, troca fraldas, faz dormir, cuida de cólicas, de banho, de roupas, além da casa e da rotina que havia anteriormente. Ela se cansa muito com o movimento intenso de estar disponível para o filho dia e noite. E, nessa época, a mãe quer o filho e o filho quer a mãe.

Muitas vezes, diante disso, o marido fica em seu canto, observando o excesso de atenção e energia dedicada ao bebê, com o "nada" que sobra para ele. Há maridos que ficam com ciúmes, brigam com a mulher, ficam irritados, e até saem para a rua, procurando compensar sua carência de amor, afeto, energia e sexo. Pesquisas mostram que os homens traem mais suas esposas na fase em que elas tiveram bebê recentemente, quando está sem libido e com a atenção voltada totalmente para o filho. Nessa fase, portanto, marido e mulher precisam ficar alertas a esse fato, para evitar que aconteça. O homem pode e deve ajudar e participar, dando alegria, amor e atenção para a sua mulher, e ajudando-a a cuidar do bebê, mas sem exigir nada dela, pois o filho já está exigindo muito.

Ele pode incentivar a mulher dando-lhe energia por intermédio de elogios, palavras, ajuda com o bebê, carinhos, massagens, agrados e reconhecimento. Também pode levar a esposa para caminhar e estar junto com ela, pois o marido deve entender que a partir do nascimento do bebê, ele dá energia para o bebê por intermédio da mãe. Nos primeiros anos de vida, a criança aceita a energia sutil da mãe e muitas vezes nem quer o pai. O pai deve entender que a energia dele está sendo recebida pelo filho todo o tempo por meio da mãe. Portanto, é a hora em que o homem deve se dedicar muito à mulher, e a mulher deve se dedicar ao filho.

Ajudando a esposa a voltar

Depois do período de amamentação (que idealmente deveria ir até pelo menos um ano, ou no mínimo por seis meses), a mãe vai voltando a ser mulher, e, em três anos, já deve estar com seu corpo de mulher novamente. Para que haja o retorno da mãe para a mulher, o marido tem extrema importância. Mas há mulheres que não têm vontade de se entregar novamente ao seu homem, não têm estímulo. Muitas mulheres ficam mães e não voltam ao corpo de mulher, até porque preferem o estado de mãe. Muitas vezes, o contato amoroso com o filho torna-se mais intenso e interessante que o contato amoroso com o marido. Mas o marido pode e deve ajudar sua esposa a retomar sua identidade, mostrando que a função de mãe deve acrescentar-se à de mulher, e não apenas substituir.

Algo muito relevante é que os filhos possam ter um lugar separado dos pais para dormir, principalmente após o primeiro ano de vida. O ideal é terem seu próprio quarto. Isso é importante porque os filhos precisam aprender a ter seu próprio espaço, que deve ser agradável e divertido. Além disso, e também muito importante, é que os pais devem ter sua privacidade em seu quarto, para poder fazer com que seu relacionamento continue em harmonia, com cumplicidade, carinho e amor, já que, antes de serem pais, são marido e esposa. Para o próprio bem dos filhos, é fundamental que a relação dos pais continue boa, saudável e em plena conexão, e isso exige momentos de privacidade, amor e sexo. Se não houver espaço físico para que os filhos durmam em ambiente diferente dos pais, o marido e a esposa precisam fazer com que existam momentos de intimidade e privacidade fora do quarto de dormir.

É claro que um casal com filhos precisa dedicar muita energia e atenção à sua prole, mas não deveria perder a cumplicidade. O homem e a mulher existiam antes do pai e da mãe, e entre eles a paixão, a atração e o prazer devem voltar, é questão de tempo. Não apresse as coisas. Os filhos pequenos precisam do carinho e do colo constantes para se sentirem bem. Dê ao seu filho o tempo que ele precisa para se desenvolver e entenda que o bebê estará em pé apenas com um ano de idade. Enquanto outros mamíferos nascem e saem para fazer suas caminhadas imediatamente, os nossos bebês humanos são completamente dependentes de nós, e apenas estão realmente em pé no planeta com um ano ou mais.

De uma maneira geral, os filhos não podem ser uma desculpa para que o relacionamento dos pais, principalmente o sexual, fique morno ou inexistente. Porém, tenham calma e atendam o filho em suas necessidades, mantenham-se conectados e conscientes de que esse tempo de dificuldades irá passar, é apenas temporário, e que em breve as coisas estarão novamente em seus lugares.

Capítulo 7

Quarto do casal

O lugar da intimidade

O espaço e o tempo para o sexo

O quarto é o lugar da intimidade do casal. É o local exclusivo de marido e mulher, em que dormem e guardam seus objetos pessoais, e onde podem ter privacidade. Na maioria das vezes, os relacionamentos sexuais entre os parceiros casados acontecem na cama, no quarto do casal, e por isso reservamos este capítulo para falar do relacionamento sexual dos casais propriamente dito. Porém, na realidade, pode e deve acontecer em qualquer lugar da casa, e até mesmo no quarto, mas em um local diferente, como um tapete grande e fofo, com um lençol macio por cima, um *futton* no chão, um tatame, um colchonete ou um edredom, que permitem movimentação livre. Variação, criatividade, improviso e surpresa são muito saudáveis para o sexo!

Supondo que todas as questões abordadas anteriormente neste livro, relativas aos outros cômodos da casa, já foram consideradas e tratadas pelo casal, há a condição ideal para mergulhar com liberdade e prazer no sexo.

Preparar um local para se relacionar é muito interessante. É ótimo ter um lugar para fazer cena e dançar a vida, o amor e o romance. Você pode colocar um perfume ou um incenso, velas, luz indireta e aconchegante, música (importante!), ou seja, algo que diga muito sobre a história de vocês dois. Também vale acrescentar várias frutas para comer, outros sabores, águas, bebidas, etc. É muito bom ter em casa um local para celebrar o amor divino e poder manifestá-lo por intermédio de vocês dois. O local fica com a energia do casal depois de um tempo.

O quarto deve ser claro, o mais branco possível, porque a energia do casal deve transitar pelas sete cores do arco íris, e o branco é a cor que mais permite esse trânsito de cores. As energias na hora da transa mudam muito, e a gente pode se reinventar em cada uma delas. Se você escolhe uma única cor para o quarto que não seja a branca, acaba fixando a relação em uma única energia, em um único estado, e isso pode acabar atrapalhando e retardando o desenvolvimento contínuo do casal. Esse desenvolvimento contínuo traz a criatividade e a renovação sexual, que é muito importante para que o sexo aconteça intensamente. A renovação de cardápios sexuais pode ser um item interessante, ou seja, mudança no ritual sexual do casal.

Os enfeites e adornos devem estimular a energia do número dois, que é o casal. O que eu aconselho é que você utilize símbolos em pares para estimular isso. O local em que dormimos possui uma vibração, um campo elétrico, e nós somos uma usina de energia. Quando dormimos, nossa energia fica completamente aberta, sem nenhuma barreira, sem nenhuma reserva, porque temos de entrar no estado de relaxamento, e assim ficamos vulneráveis ao que está ao nosso redor. Por isso, o ideal é não possuir televisão ou qualquer outro tipo de aparelho elétrico dentro do quarto, nenhum equipamento eletrônico que possa se misturar ao seu campo de energia. Se tiver aparelhos no quarto, na hora de dormir você pode deixar os aparelhos desligados da tomada. Nosso corpo é feito de 70% a 80% água, e a água é condutora de energia. Por isso esses cuidados.

Aos casais que possuem uma suíte, é importantíssimo fechar a porta do banheiro antes de dormir. Não deixe a porta aberta desembocando a energia do banheiro para dentro do quarto durante a noite. Feche a porta. Não deixe o quarto totalmente fechado sem ventilação. Você deve fazer uma troca de ar, do ar que respira durante o período de sono e do relaxamento. Uma leve ventilação na hora de dormir é aconselhável.

Atraindo o homem

Como a senha de acesso sexual do homem é *visual*, a mulher deve entender que o visual dela é muitíssimo importante para que ela consiga atrair o parceiro, sempre. Se ela pretende ter um relacionamento sexual interessante com seu parceiro, sempre deve estimular ao máximo a vontade dele, seja com uma roupa sensual, insinuante, seja com uma lingerie interessante, uma calcinha estimulante, um visual agradável e atraente. Estar sempre bela é a dica essencial. Um batom, um cabelo bonito e bem cuidado (e de preferência comprido, o gosto geral masculino), uma roupa que dê destaque a alguma parte bela do corpo.

A mulher deve mudar e ousar sempre, sendo várias: a menininha, a séria, a sensual, a provocante, etc. Isso é muito estimulante! O ideal é sempre desempenhar um papel diferente no ato sexual, não parecer sempre a mesma. É preciso mudar, reinventar-se. A mulher deve transitar nos papéis para surpreender, e deve acompanhar os sentidos. Permita-se conhecer, conhecer sua sexualidade e sensualidade. Pinte as unhas para ficarem de acordo com seu visual, use um perfume diferente, uma bijuteria extravagante. Convide seu marido para uma massagem, esteja mais ativa. Se usar lingerie vermelha seja a "mulher fatal". Se optar pela de algodão, surpreenda sendo a "colegial". Assuma o papel de forma inteira, corpo físico e emocional; permita-se sentir isso, e você

vai ser várias mulheres para seu parceiro, que é algo que ele vai adorar! Dê asas à sua imaginação. Valem até as fantasias (enfermeira, dançarina, coelhinha...). Experimente!

Por mais que sua personalidade seja mais discreta, mude de papéis, transite por eles, faça diferente, seja várias mulheres na cama do seu homem e verifique como você e ele se sentem com isso. Converse com ele sobre seus desejos e teste o termômetro das brincadeiras anteriormente para não "dar um fora". Se tiver liberdade suficiente, apenas surpreenda, sinta seu relacionamento, sinta seu jeito e o dele. Apenas o fato de você estar pensando em fazer coisas diferentes e usando seu tempo para pensar na relação e surpreender já faz aumentar a energia do encontro.

Atraindo e esquentando a mulher

Tanto o homem quanto a mulher precisam estar quentes para ter uma relação sexual. Como a natureza do homem é do fogo, poucos estímulos visuais já o colocam pronto para o sexo. Mas com a mulher é diferente. A senha sexual da mulher é *auditiva*. Além disso, sua energia é do tipo fria, e podemos compará-la ao elemento água, pois a mulher se molda, é flexível. Para esquentar uma mulher leva tempo. São necessárias conversas (a mulher é auditiva?), danças, agrados, sussurros, massagens e carícias. Colocar a mulher bem quente é como colocar água para ferver: demora até chegar ao estado de ebulição. Por isso, o homem precisa colocar seu fogo para aquecer a mulher de forma lenta, prazerosa, devagar, com todo o amor e toda a paciência. E começando bem antes da hora da transa. Pode-se pensar assim: uns 40 minutos de fogo constante podem ser suficientes para aquecer uns 70 quilos de mulher!

Mas, na maioria das vezes, com um instinto animal devorador, o homem quer se aproximar da mulher e logo despejar seu sêmen de alívio das tensões acumuladas, como um bicho de consciência animal que faz sexo apenas para a manutenção da espécie. Porém, o ser humano é um animal evoluído, e precisa controlar seus instintos básicos para poder se relacionar de maneira satisfatória com a mulher. Homens com os instintos à flor da pele são bastante atraentes para a maioria das mulheres, que se atraem, inclusive, por seu odor masculino e comportamento persuasivo, que leva à sexualidade muito facilmente; eles têm esse poder. Mas, muitos desses têm dificuldades de aprofundamento nas relações e na sua continuidade. Por quê? Porque atacam vorazmente a companheira em poucos minutos, e desagradam a mulher no longo prazo, por falta de preliminares atentas, amor e aconchego, machucando-a física e emocionalmente. O amor exige cultivo. As relações rapidinhas não se sustentam no longo prazo, por falta de amor revelado.

Sexualmente, para a mulher é simples agradar um homem. Em sua maioria, basta ir direto à área do triângulo da virilha que, com certeza, agradará. Porém, esquentar a máquina feminina é bem diferente. É preciso tempo e dedicação até azeitar toda a engrenagem.

Mulher de fases

Biologicamente, a mulher está organizada para se alternar mensalmente nos ciclos hormonais de acordo com as fases da lua e das marés. A mulher possui quatro fases, cada uma com sete dias, que estão conectadas com as quatro fases da lua. Assim como a lua tem a fase crescente, cheia, minguante e nova, a mulher tem as fases seca, de ovulação, seca e de menstruação.

Perceba: na fase cheia, que é a época fértil, quando está ovulando, a mulher fica com mais vontade de ter um relacionamento sexual. Na ovulação, a libido fica mais elevada e ela tem mais vontade de fazer sexo, e não é preciso tanto esquentamento para que a relação aconteça com mais prazer. É importante sentir como a mulher fica mais sensual quando está ovulando. Seu muco vaginal é espesso e seu cheiro é bastante sensual e atraente para o homem. Muitos homens não gostam de se relacionar com a mulher quando ela está menstruada. Internamente, a mulher muda muito de uma fase para outra. Estar ovulando, menstruada ou seca pode determinar seu estado de espírito, seu humor e suas vontades em relação ao sexo. Na fase seca, o estímulo precisa ser maior para que a mulher tenha vontade de ter sexo, e a consequente lubrificação. Portanto, tanto o homem quanto a mulher precisam aprender a conhecer e a respeitar as fases da mulher.

A energia sexual da mulher

A energia sexual da mulher é dispersa, não é concentrada; é uma energia difusa e distribuída. Por isso, o homem se interessa tanto pelo movimento da mulher, pelo andar e por seus trejeitos, cada centímetro do corpo da mulher está recheado de muita energia, a energia da vida, do milagre da vida. Por isso, para ela, é possível ter prazer em todas as áreas e atingir orgasmos em várias partes do corpo. A mulher tem vários pontos de prazer espalhados pelo corpo, e pode ter orgasmos em vários pontos: nos cabelos, nos pés, nos joelhos, nas mãos, em várias partes, acredite! Quando o homem vai começar um relacionamento sexual com uma mulher, é importante ele entender que todo o corpo dela é orgástico. Ele deve reparar nos seios, no bumbum, na barriga, na cintura, nos braços, nas pernas, nas mãos, nos pés, no corpo todo.

O corpo da mulher depende do escultor que a toca, e pode mudar, e muda, conforme o parceiro sexual que tem. O homem pode e deve esculpir a mulher como uma massa que tem à sua frente, e se ele colocar ondas de amor e prazer, a escultura será sempre bela. O homem deve pegar no corpo da mulher as senhas do próximo movimento, como num parque de diversões da mais alta qualidade, saboreando sua beleza e seu movimento suave e belo.

Guardamos as emoções no corpo. Somos cheios de energia emocional, sentimentos e pensamentos. As mulheres, para serem felizes em sua feminilidade, cultivam suas emoções em seu corpo, fazem um mundo lúdico para dar sentido à sua vida. Precisam da dança, da arte e da poesia. Precisam das brincadeiras e das conversas longas e muitas vezes sem um sentido lógico, porém com um papo em que possam surgir as frases tão esperadas, as confidências e o amor romântico. As mulheres precisam ouvir e tocar para elevar suas emoções.

Preparando a mulher

Podemos comparar o corpo da mulher a um grande céu, com muitas estrelas espalhadas por toda a sua extensão (a energia expandida). O homem deve calmamente colher essas estrelas, fazer a colheita de todas essas estrelas, para no final colocá-las em harmonia concentradas na vulva da mulher. O homem vai conduzindo essas estrelas e energia lentamente, em um processo de esquentar a mulher. Ou seja, ele deve esquentar o corpo todo, antes de se ater aos órgãos sexuais. Dessa forma, o homem se conecta com a parceira, e ambos poderão desfrutar de uma relação mais intensa e profunda.

Antes de iniciar uma relação sexual, o homem deve sentir sua mulher. Deve começar pelos pés, sentir os pés. Se eles estiverem frios, ele deve esquentá-los e agradá-los, até que eles se tornem objeto de desejo para ele e perceba que estão realmente mais soltos do que quando os tocou no começo. Depois desse toque transformador nos pés, o homem traz essa energia transformada do pé em direção à vulva, deslizando as mãos na subida pelas pernas até chegar ao triângulo do prazer.

O homem começa pelo pé esquerdo e massageia subindo pela perna, depois o pé direito. Em seguida, vai para as mãos, massageia as mãos, passa para os braços, seios e vai descendo, concentrando essa energia distribuída na mulher, levando-a para o centro. A colheita de estrelas tem ao menos cinco passos necessários, que são: pegar as estrelas dos dois pés, das duas mãos e da cabeça e concentrá-las na zona do triângulo. Ele pega a energia sexual dispersa no corpo e concentra-a na área do triângulo. Fazendo esses movimentos para esquentar a mulher, o homem vai concentrá-la em seu corpo e também vai notar que, quando chegar realmente aos órgãos sexuais, o tempo para atingir o orgasmo terá diminuído.

Para que o homem tenha sucesso ao fazer a massagem na mulher, e para que seja gostoso para ele, deve perceber o corpo dela e ajeitá-lo para que fique visualmente atraente, deve olhar, "esculpir" e tocar. Ele vai tocando e percebendo a face e a respiração, e notando cada parte e a emoção que está ali, porque percebe pelo rosto dela e sua respiração. Para que a massagem esteja boa para ela, tem de estar boa para ele, pois a energia flui através do homem para a mulher. Pode ser utilizado um óleo gostoso de massagem para melhorar o deslizamento (de amêndoas naturais, por exemplo, sem nada químico para não dar alergias). Nem pense em fazer uma prática dessas com pressa ou com hora marcada. Esse é um ritual prazeroso e você deve se jogar nas emoções que ele vai disparar em você. Nem pense também em fazer essa massagem com a televisão ligada no jogo de futebol, pois o homem precisa dar toda sua atenção à mulher, mostrar o seu amor por ela, sentir o corpo dela. O homem estará fazendo sua escultura, esculpindo o corpo de sua mulher para que ela fique como ele quer; deve visualizar como quer e tocar com amor.

Quem chama acende a chama

O homem também pode falar coisas bonitas para sua mulher, porque, como dissemos, a senha sexual para a abertura do corpo e do coração da mulher é auditiva. Por isso, deve falar coisas bonitas e agradáveis para ela, pois isso abrirá um mundo particular para eles. Pode até mesmo falar o nome dela com várias entonações diferentes. Por exemplo, falar o nome dela mais forte, com mais charme, mais sensualidade, depois com mais vigor, depois com doçura... Repetir o nome dela várias vezes a esquentará, pois quem chama acende a chama. Por outro lado, se o homem gritar ou for grosseiro com ela, poderá estar comprando o fim da relação, pois ela poderá perder a atração sem querer e de uma hora para outra. Cuidado com as palavras, muita atenção!

A energia sexual do homem

Ao contrário da mulher, o homem tem sua energia sexual concentrada no órgão sexual, na zona erógena do triângulo do prazer. O homem é ligado ao elemento fogo. Por que ao elemento fogo? Porque já está quente. Se notarmos o homem, vamos perceber que o simples fato de olhar para uma mulher bela e nua disparará o prazer dele, e ele poderá transar com ela, porque a senha de acesso sexual do homem é visual. Sim, o homem é fogo, ele está pronto!

Mas, muitas vezes, as mulheres contam que tiveram que fazer toques diferentes, peripécias sexuais, para atiçar seu homem, porque ele estava com problemas de ereção. Isso é possível, e muitos homens que apresentam esse tipo de dificuldade acabam se tratando apenas com ajuda psicológica e o problema acaba, pois o corpo do homem é perfeito, mas às vezes a cabeça atrapalha. Existem cobranças demais, inseguranças, cristalizações de pensamentos e sentimentos que podem causar uma falta de ereção ou uma ejaculação precoce. Também é importante dizer que para que a máquina do corpo funcione perfeitamente, temos de entender que o corpo é mesmo uma máquina. Para tal, precisamos cuidar e botar para funcionar. O homem que tem uma vida sedentária provavelmente poderá ter problemas de circulação, afetando a sua ereção mais cedo ou mais tarde, já que o pênis necessita de uma boa circulação e de um coração saudável para que ocorra uma ereção intensa.

O homem, ao contrário da mulher, possui um monte de estrelas concentradas apenas em seu triângulo do prazer, em toda a sua virilha, e principalmente em seu falo ou pênis. Todas as mais fortes emoções dele estão ali. Então, a mulher, para ajudar a preparar o homem para o ato sexual, deve pegar essa energia concentrada ali e distribuir pelo corpo do seu parceiro. A mulher deve fazer o contrário do homem: quando for tocar seu parceiro, deve pegar a energia (as estrelas) dele que estão localizadas no centro sexual, no pênis, ativar bastante essa energia, fazendo movimentos, manobras com as mãos, e espalhá-las pelo corpo do homem. Deve pegar essa energia e ir levando-a pelo corpo, passando pela perna e descendo até o pé direito, depois no pé esquerdo, por exemplo. Para que você tenha sucesso em qualquer tipo de massagem, basta que dispare seu sentir, suas emoções, e então irá se conectar com o outro e o outro sentirá. Coloque uma música de que você goste ao fundo para que dispare as emoções. Durante a massagem, perceba seu próprio corpo e sinta se a energia flui através de você também. A mulher precisa estar bem para passar uma boa energia.

Se a mulher percebe que o marido, toda vez que vai transar, quer uma coisa muito rápida, se ele não consegue agradá-la, aquecê-la, aumentar a energia dela antes que aconteça efetivamente à penetração, o sexo em si, eu aconselho que ela faça essa prática que eu descrevi: pegue a energia que está concentrada no pênis e leve para todo o corpo. Por exemplo, comece estimulando o pênis, desça com a energia pela perna esquerda, vá para o joelho, canela e pé, volte ao pênis, estimule e desça pela perna direita, joelho, canela e pé, depois distribua a energia subindo pelo peito, ombro, braço e mão. Primeiro a mão esquerda e depois a mão direita. Depois vá para a cabeça. A mulher deve distribuir a energia do homem, que é naturalmente concentrada, e assim expandir a energia sexual do seu parceiro por todo o corpo dele.

Se o casal sintonizar a energia feminina (expandida-expansão) e a energia masculina (concentrada-concentração) com as massagens e toques corporais, eles estarão muito mais preparados para satisfazer um ao outro e a si mesmo. Estarão preparando a energia para o encontro. Com certeza, o casal com esse conhecimento terá um relacionamento sexual muito mais prazeroso. Tente!

Sexo construtivo

Quando a mulher está ovulando, ela pode ficar grávida se transar. Portanto, um tipo especial de envolvimento acontece. Essa é uma transa de construção, que pode gerar uma nova vida, trazer um novo habitante para o planeta, uma nova cria. Mas se a mulher não quiser engravidar, essa relação pode também ser prazerosa e proveitosa, porque os dois podem entender que o tempo é de construção e, antes do ato, terem o objetivo de trazer energia para algo que queiram construir juntos. Por exemplo: marido e mulher querem construir uma casa, comprar um terreno, ou qualquer outra coisa, e, por intermédio dessa prática, é possível mandar toda a energia nessa direção. Dessa forma, ambos estarão conectados para algo acontecer, e realmente acontece. Por quê? Porque a união do feminino e do masculino tem tamanha força que até pode gerar uma nova vida.

É como a união da conexão macho com a conexão fêmea nas instalações elétricas; permite uma corrente elétrica que pode acender o que você quiser. Assim é com a energia do casal, pois ela dispara uma eletricidade, e é possível "acender" aquilo o que o casal quiser. Você está gerando a energia e poderá usá-la para o que for, a união perfeita de um casal, a união das polaridades, que gera a energia, e que o casal deve direcionar para algo. São belíssimos os relacionamentos dos casais que descobrem e conhecem essa força. Essa união, que traz o milagre da vida na Terra, poderá trazer qualquer outro milagre para esta vida. Essa alquimia de união do masculino e do feminino é a força maior que existe no planeta, e o casal poderá usar essa força para potencializar e conseguir o que pretendem em suas vidas.

Aprendendo e ensinando o caminho

Segundo pesquisas, é sabido que muitas mulheres, casadas ou solteiras, que têm atividade sexual frequente ou não, têm dificuldades para atingir o orgasmo. Mas isso é questão de conhecimento e de prática. O orgasmo é como uma viagem individual, que você faz sozinho, sente sozinho. Mas você pode escolher um acompanhante que o transporte, que dirija para você. Ou então você mesmo pode dirigir. Mas, em ambos os casos, é preciso ter carta de motorista, ou seja, saber dirigir para poder conduzir até o destino, ou melhor, ao orgasmo. E conhecer o caminho até lá.

Você está "dirigindo" seu próprio carro quando você se masturba. Quando está tendo uma relação sexual, quando está tocando o outro, você está dirigindo o carro do outro. E ele está dirigindo o carro para você. Você sabe levar seu corpo para o estado orgástico? Sabe levar o outro para o mesmo estado? Se souber dirigir seu corpo, ou seu "carro", isso é fantástico. Você sabe se masturbar. Mas será que você sabe dirigir o carro de outra pessoa? Já tirou essa habilitação? E a outra pessoa sabe dirigir para você?

Quando a pessoa é mais sensível, consegue acompanhar e ajudar no clímax do outro, elevando o outro a um êxtase orgástico. Para chegar a um estado de prazer intenso e explosivo, é preciso perceber qual é o procedimento mais querido e aceitável. Um parceiro poderá ir dando a dica para o outro, até ensinar suas preferências. É importante ajudar o outro a tocar você da forma que você mais gosta. Para isso, é muito importante já ter se tocado, ou seja, ter se masturbado, para poder conhecer o caminho e ensinar ao parceiro o funcionamento da própria máquina. Afinal de contas, você tem de saber dirigir seu próprio carro para poder ensinar ao outro como funciona.

Culturalmente, a masturbação masculina é uma prática mais difundida que a masturbação feminina. Mas muitas mulheres se masturbam também, algumas até no chuveiro, com o chuveirinho, o que dá um grande prazer. O que importa é que se há vontade de se masturbar, se há vontade de se aliviar, se a masturbação o relaxa ou se o ativa, está

tudo ótimo. Não há problemas nem restrições. Vá em frente. Isso é muito saudável para aprender e se conhecer, como eu disse. Vou falar mais sobre orgasmos a seguir.

O homem conduz a mulher

O toque para descobrir e desabrochar uma rosa deve ser suave e delicado. Com uma mulher acontece o mesmo. Ele deve começar próximo ao ouvido da mulher, falando palavras delicadas e atraentes, respirando, deslizando seu queixo por toda extensão do pescoço e ombros e indo até os ouvidos. Deve repetir esse movimento constantemente, falar e respirar até que a mulher esteja bastante envolvida, embebedada de prazer. Quando ela perceber que o homem está concentrado em um movimento constante, ela terá confiança e começará a se soltar mais e mais. Aí o homem deve ir mudando o movimento devagar. Mas por favor!!! Nem pense em ir direto para a vagina de uma hora para a outra agressivamente! Se o homem tocar a mulher de leve e com amor, ela aceitará e pedirá mais.

O homem pode admirar a mulher que está à sua frente. Você já notou como as mulheres nuas são belas? Pode reparar, quando vemos um casal na TV, por exemplo, independentemente de sermos homens ou mulheres, olhamos o homem, reparamos, e depois fixamos na mulher. A mulher é muito mais bela de ser vista que o homem. Elas são mais surpreendentes, possuem curvas, vaivens. As mulheres também acham isso. Bem, o homem deve seguir com as carícias devagar, sentindo as curvas da sua parceira, a pele, as penugens, a textura. Homem, curta e cultive o movimento.

Atenção: não surpreenda! É importante que o homem entenda que para tocar o corpo da mulher ele deve deslizar as mãos numa sequência, e não pular partes. Ir de uma parte para a outra sem dar sinal poderá tirar todo o estado de sensibilidade e trazer susto e medo, e então se perde todo o tesão acumulado, porque o medo aparece. Portanto, se o homem está tocando os ombros, deve deslizar as mãos e chegar aos seios e não largar o ombro e colocar a mão nos seios. Isso poderá trazer desconforto para a mulher.

A seguir, o homem pode acariciar toda a circunferência dos seios, a circunferência mais expandida possível, bem longe dos mamilos e depois ir chegando em giros perto dos mamilos, na aréola, e continuar rodando. Não deve apertar os mamilos, apenas chegar a eles depois de bastante prazer ao redor. Quando chegar a hora H, quando a mulher já estiver querendo um toque íntimo, o homem poderá tocar os mamilos com a boca.

O homem deve entender que todo toque na mulher deve ser de doação. Conforme for agradando, a mulher vai se abrindo. Se o marido não agrada e vai logo querendo pegar nos órgãos sexuais e ir direto à penetração, certamente, a mulher não se sentirá realizada, e ambos terão uma relação mais mecânica. Há homens que se doam apenas para conquistar a mulher e depois são bem individualistas. O homem deve ser generoso e atencioso. Deve se esforçar para sair do mecânico. Exercite!

Os parceiros devem acarinhar todo o couro cabeludo do outro com a ponta dos dedos. Depois, esticar a energia centralizada no couro cabeludo em direção aos fios, por toda a extensão de cada maço de cabelo, fazendo escorrer pelos cabelos toda a energia que estava acumulada na cabeça. O toque deve variar de forte-puxado a macio-deslizante. Muitas mulheres, com esse toque, feito durante 15 a 20 minutos, chegam ao orgasmo.

Os orgasmos da mulher

Orgasmo de uretra: É a primeira possibilidade de orgasmo da mulher. Ele acontece quando a mulher é tocada na entrada da uretra, o local por onde sai a urina. É o orgasmo da menina que pressiona o papel higiênico quando vai enxugar o xixi e sente *cooooisas*. São os primeiros sinais dos prazeres sexuais de menina. Na fase adulta, esse pode ser o primeiro orgasmo de uma transa, por exemplo.

Orgasmo clitoriano: Esse acontece com o estímulo ao clitóris. É o mais comum dos orgasmos, já que o homem tem mais facilidade de estimular, e a mulher, de sentir. Cuidado para não machucar, é uma área ultradelicada. A preferência nacional nesse caso é o sexo oral, ou seja, quando o homem passa levemente a língua no clitóris e consegue lamber à sua volta e em círculos.

Orgasmo vaginal: Acontece para menos mulheres, porque, para que elas o sintam, é necessária uma habilidade superior delas mesmas em se autoconhecer e/ou do homem em ajudá-las a alcançar esse orgasmo. O orgasmo vaginal pode acontecer no ponto G (com masturbação ou com penetração), ou no fundo do útero:

> Orgasmo do ponto G: Para que aconteça o orgasmo do ponto G, é preciso estimular esse ponto, primeiramente com o dedo, em movimentos circulares, e bastante (se a mulher já souber onde é, pela masturbação, poderá ensinar o homem). O ponto G está localizado na parede da entrada da vagina, do lado "de frente" da mulher, a uma distância de uma falange de dedo. Com essa estimulação, o ponto G aumentará de volume e se tornará uma protuberância. Nessa hora, a mulher poderá sentir muitas ondas de calor e prazer. A seguir, pode acontecer a penetração, que será sentida pela mulher como um profundo prazer. Inicialmente,

quando se toca o ponto G, há um "guardião", e, por isso, pode haver um desconforto, apenas por um instante, como uma vontade de urinar. É bom sinal, é aí mesmo. O guardião está na porta, porém, depois que passa, a mulher acessará o portal do prazer contínuo. Os orgasmos múltiplos, daqueles de virar os olhos, podem ser dessa categoria, e vêm em ondas intermitentes dos pés à cabeça. Também pode acontecer aí a ejaculação da mulher. A sequência desse toque traz os orgasmos múltiplos, e a mulher pode chegar até a "ejacular", ou seja, a expelir um líquido. Mas para que isso ocorra, a estimulação deve ser contínua e longa, o que requer que o homem e a mulher tenham "fôlego" para conseguir ficar pelo tempo necessário.

Orgasmo vaginal de fundo do útero: É quando há uma penetração profunda, com estocadas repetidas, que provocam um movimento do útero todo, causando intenso e profundo prazer. Poucas mulheres sentem esse tipo de orgasmo, pouquíssimas. Muitas mulheres gostam de ficar em cima dos homens para terem, simultaneamente, o orgasmo clitoriano e o orgasmo de fundo de útero, pois assim se torna mais fácil senti-los.

A mulher conduz o homem

A mulher pode ajudar a estimular o homem fazendo massagens com as mãos no seu pênis, de cima para baixo, e de baixo para cima, em toda a extensão do órgão sexual. Aí há pontos de conexão muito importantes, ligados ao prazer do homem. Seria bom conseguir tocar todos os pontos de forma bem prazerosa. Cada um tem seu toque preferido, mais firme, mais leve, que também pode variar. Mas cuidado: quem toca deve observar o outro, sentir o outro, misturar-se ao outro pelo toque para perceber se é mais prazeroso quando é mais intenso ou mais delicado.

O homem possui um ponto muito sensível e prazeroso entre o escroto e o ânus, no início da coluna. É uma parte mole, que seria o ponto G dos homens, o ponto que se acessa a próstata por fora. Sexualmente, essa é uma região muito interessante e instigante para o homem. O ideal é que a mulher coloque o dedo e pressione ou faça círculos nesse local, como se estivesse fechando a energia para que ela não saia por ali durante o ato sexual. Se quiser, pode fazer também uma estimulação oral.

A mulher tem de entender que o saco escrotal também dá um prazer especial para o homem, claro que se tocado da maneira correta. Nem todas as mulheres sabem o toque adequado para essa região. É preciso deslizar a ponta dos dedos e ir massageando sobre a pele, não com a finalidade de apertar e sim de fazer sentir aquele local inteiro, uma massagem de leve com a ponta dos dedos, de baixo para cima, ou seja, da direção do ânus para o pênis, ou do centro para fora.

Outra opção interessante é o sexo oral no pênis. Se for fazer, a mulher deve tomar cuidado com os dentes para não ferir o homem. Enquanto faz isso, pode tocar a base do pênis ou estimular o ponto entre o ânus e o escroto e ativar a próstata por essa região. Há várias possibilidades de estimulação do homem, mais profundas e mais eficazes.

Os orgasmos do homem

O homem deve entender que sua saúde geral irá melhorar muito se ele aumentar sua capacidade orgástica, prolongando suas sensações, mantendo essa alta energia circulando por todo o seu corpo. Esse homem terá o poder de deixar a mulher bem satisfeita sexualmente, não porque ficará penetrando a mulher como um louco por muito tempo, mas sim porque estará com gás para agradá-la por muito tempo, aumentando sua própria energia. O homem ganha energia quando acaricia a mulher.

Para ter controle sexual, o homem precisa realizar um trabalho de fortalecimento do músculo pubococcígeo. A técnica resumidamente consiste no seguinte: quando o homem sentir que a ejaculação está por vir, ele deve contrair os músculos do assoalho pélvico, todos, e imaginar que a energia volta em direção aos rins, subindo pela coluna. Dessa forma, a ejaculação não ocorrerá e a energia retornará para dentro dele mesmo. O homem pode estudar o movimento e o treinamento dos orgasmos e ejaculações detalhadamente nos livros do Mantak Chia, por exemplo.

O homem também pode ser multiorgástico. Ele pode ter vários orgasmos sequenciais se não ejacular, mas não são todos os que conseguem desfrutar desse múltiplo prazer. Aqueles que conseguem, têm orgasmos sequenciais, intensos e duradouros. Quando o homem adquire essa capacidade de controle da ejaculação, ele se torna mais amoroso, mais simpático, interessante, inteligente. Mas isso requer controle e treinamento. Lembre-se! Devemos manter em nosso casamento o amor, o compromisso e o estado de parceria com nosso cônjuge. Uma relação longa, estável e duradoura trará para você e para o casal muitas possibilidades de compartilhamento e desenvolvimento. Em alguns casos, depois de alguns anos de casamento, os homens se acomodam, passam a centralizar a união quase que exclusivamente no sexo, e esquecem os momentos românticos do amor e do noivado. É assim que o relacionamento começa a ruir. Quem quer manter o casamento, então, deve sempre estar de olho em coisas como carinho, romantismo, surpresas amorosas, passeios e viagens a dois.

Cuide do sexo no casamento

Com a estabilização do casamento, muitos homens tendem a se acomodar na cama: dão uma rapidinha, viram e dormem. As mulheres também, muitas vezes, deixam de se cuidar e de se arrumar. Esse tipo de comportamento costuma destruir o casamento. É preciso atenção e cuidado. A humanidade está na fase de querer ir mais longe, ultrapassar os limites, e o sexo pode ser a forma mais prazerosa para esse saudável desafio! Os homens podem e devem saber que as mulheres querem algo mais, querem se relacionar e ter romantismo, sexo e satisfação na cama também. Esse é o desejo da mulher atual.

Atualmente, existe um volume grande de casamentos sem sexo: eles começam com uma transa mecânica, na qual a mulher não sente mais prazer e não tem coragem de dizer. Na sequência dessa má experiência, quando ele vem agradá-la, ela pensa: "Xiiiii, lá vem ele de novo!". Ela passa a não deixar mais que ele a toque para que não haja outra transa malsucedida. Daí a mulher vai se fechando, ficando nervosa, insatisfeita, falante demais, ansiosa, carente e cada vez mais longe do marido. Cuidado: os números mostram que na separação judicial não-consensual a proporção de mulheres requerentes (75,3%) é substancialmente superior à de homens (24,7%). Veja que as mulheres, quando estão insatisfeitas, dizem "basta" e vão viver sozinhas, se for preciso.

Nesse contexto, um dos pontos mais importantes do casamento é o desenvolvimento da sexualidade. Manter as carícias e os prazeres da pele, dos toques, isso deve ser diário. Muitos homens dizem que quando chegam em casa, a mulher só quer falar e solta a língua sem parar. Meu conselho para os homens é: ouça, abrace, acaricie os cabelos dela, sem ficar querendo pegar nas áreas sexuais (porque isso a irrita mais ainda). O homem tem as zonas erógenas bem definidas, mas para a mulher tudo é erógeno, o corpo inteiro. Portanto, é possível explorar cada milímetro.

O jogo aqui é pegar uma pena, um abanador, ou, com as mãos limpas e quentes, passar um creme no corpo da parceira, dos pés a cabeça, com amor e modelando o corpo dela, como se fosse uma argila, com o amor de um jardineiro que borda os canteiros, ou uma doceira que enfeita bolos, ou dos deuses da natureza, que fizeram as flores e os pássaros. Depois, ela o beijará como agradecimento. Aconselho ao homem que feche o quarto com uma temperatura agradável, que a coloque sobre a cama e a cubra para não sentir frio. Daí pode ir tirando parte por parte da roupa debaixo da coberta e massageando, abrindo as camadas e degustando a beleza aos poucos! Deixe o contato sexual para depois que o corpo estiver claramente aberto para você. Se o homem entender que tem um "parque de diversões" nas mãos, será um felizardo. Ele e a esposa serão felizardos!

Quando estiverem juntinhos no quarto, fale ao pé do ouvido da sua cara metade coisas bonitas, massageie o ego do seu cônjuge, isso é muito positivo para ambos. Convêm ressaltar que elogios não são preferência apenas das mulheres; os homens também gostam de ser elogiados. Diga em alto e bom som sobre sua beleza, charme e sensualidade. Você vai ver a autoestima do seu amor ir às alturas. Estar sempre com a antena ligada no cônjuge e destinar um momento do dia específico para o grande amor da sua vida é muito valioso. Ter em mente que fazer o cônjuge ficar feliz é muito bom. Tenha em seu quarto de casal um templo, um espaço sagrado, para a manifestação da sua intimidade com seu amor. Partilhe todas as suas particularidades, os seus segredos mais íntimos, até o ápice do prazer sexual dos dois se fundindo em um.

O sexo nunca acaba quando o relacionamento é realmente baseado no amor. Apenas se transforma! A mulher quer ser abraçada, quer desenvolver a sexualidade. Isso não significa "paudurescência", nem penetração. Pode haver um maravilhoso ato sexual de dança, bailado e muitos abraços de amor. Se houver desejo e penetração, ótimo. Mas, se não houver penetração, a troca energética é o que traz a satisfação. Carinhos, carícias, massagens, beijos e agrados podem ser muito excitantes e emocionantes. Experimente! Inclusive, mudar o cardápio sexual e a forma como o casal faz sexo é necessário. O sexo deve evoluir junto com a idade e com o autoconhecimento de cada um. Desenvolva-se e amplie seu prazer.

Nunca dormir brigados

Aqui fica um grande conselho: Nunca vá dormir sem ter feito as pazes, chegado a um acordo com o seu amor no final do dia. Com certeza, no outro dia, se isso não foi resolvido, o problema será muito maior. Por favor, não deixe acumular rancores, mágoas, coisas ditas por não ditas, problema sobre problema. Resolva no mesmo dia, encontre uma solução, desabafe, vomite tudo o que o incomoda e encontre um caminho juntos, mas jamais vá para a cama com resquícios de sentimentos ruins. Isso é maléfico para a relação, para o sono e para a saúde. Aprenda que pedir desculpas pode ser o início do caminho de sucesso para os dois.

Mandamentos do quarto do casal
Nunca dormir brigados.
Preservar e desenvolver os momentos de intimidade.

Palavras finais

Entrego este livro para você com muito amor e *sacro-ofício* (trabalho sagrado). Na verdade, este livro me fez olhar atentamente para mim mesma e ao meu redor de forma bastante intensa ainda mais, pois quem me conhece de perto sabe que já sou bastante intensa normalmente.

Meu conselho a você é: viva e curta muito a vida a dois. Viva o presente, viva o que está disponível, e faça algo em direção aos seus objetivos. Não se arrependa por ter feito, por ter realizado. Realize! Neste momento, acredito que o melhor é agregar, é melhor juntar que separar. Sendo assim, proponho uma nova forma de se relacionar. Aprenda a conhecer e a cultivar os sete níveis de relacionamento. Seja claro e faça um acordo para viver bem e prazerosamente. Acorde! É bom acordar algo em si e empreender uma caminhada. Viver um relacionamento intensamente pode ser uma experiência maravilhosa. Tente!

Porque o amor não acaba, ele sempre se renova.

Não pense que todos os casamentos são iguais ao seu, porque não são. Você é único, seu cônjuge é único, e a relação que vocês têm é única e incrível. Você nasceu para ser feliz, então viva a sua vida feliz! Não pense que as outras pessoas vão entender o seu *casa-mento*, porque a mente é sua e de seu cônjuge, e basta que vocês dois se entendam. Esse entendimento entre vocês dois já é um grande feito, aproveite!

Quero, com este livro, oferecer a você o resultado de todo esse conhecimento, como uma ferramenta para que você seja feliz no sexo e no seu casamento.

Ótima onda amorosa para você! Namastê!

Cláudya Toledo

Os 12 mandamentos para os casais

- **Sala de estar**
  Traçar objetivos em comum.
  Manter sempre o diálogo e optar pelo bom humor.

- **Cozinha**
  Desenvolver o hábito de preparar coisas juntos, um para o outro.
  Cuidar de sua saúde e tornar-se sábio.

- **Sala de jantar**
  Aprender a respeitar as diferenças e a cooperar.
  Manter rituais familiares, trazendo prosperidade e autoconhecimento.

- **Banheiro**
  Cultivar sua individualidade.
  Limpar todos os corpos e preparar-se.

- **Lavanderia**
  Ter um espaço para entrar em acordo mútuo.
  Resolver os problemas o mais rápido possível.

- **Quarto do casal**
  Nunca dormir brigados.
  Preservar e desenvolver os momentos de intimidade.

Com mais de 20 anos de experiência na área, **Cláudya Toledo** é uma das maiores especialistas em relacionamentos amorosos do Brasil. Nos anos 1980, foi consultora e assessora de comunicação de grandes corporações (entre elas a Avon), o que lhe rendeu vasta experiência no entendimento das relações humanas. Nos anos 1990, fundou, ao lado de seu marido, a A2 Encontros (www.a2encontros.com.br), que se tornou a maior agência de casamentos do Brasil, com atendimento em todo o país. Cláudya Toledo adquiriu ao longo dos anos grande experiência em unir casais, e já publicou dois livros sobre o tema: *Eles são simples, Elas são complexas*, pela Editora Alaúde, e *Manual da cara--metade*, pela Editora Globo. É presença frequente em programas de televisão e rádio, e participante assídua de pautas de revistas, jornais e sites da internet. Mantém o blog www.claudyatoledo.com.br.

Para falar com a autora, escreva para:
claudyatoledo@a2encontros.com.br

Para conhecer outros títulos, acesse o site **www.alaude.com.br**, cadastre-se, e receba nosso boletim eletrônico com novidades.